Ik hou van jou

♥♥♥

in alle talen

♥♥♥♥♥

Zoveel hou ik van jou

I0102255

Uitgegeven door In-all-languages.com
ISBN 979-8-90243-259-3

Voor meer informatie over alle edities van de 'In-all-languages.com' kadoboeken, tips & correcties: www.in-all-languages.com.

Blij met dit boek? Overweeg dan om een recensie op Amazon te schrijven.

De lijst met talen is niet uitputtend. De term 'In alle talen' is poëtisch en niet letterlijk bedoeld.

Lieve geliefde,

Je hebt dit 'Ik hou van jou' kadoboek gekregen van iemand die overduidelijk heel veel van je houdt. Dit boek bevat 9.186 keer 'Ik hou van jou' in alle talen. Helemaal voor jou, en voor jou alleen! Zo diep is de liefde die iemand voor jou voelt.

Je bent geliefd in alle talen! Dit boekje is ook een eerbetoon aan alle liefde die jij aan de wereld schenkt, weerspiegeld in de liefde die iemand voor jou voelt - verwoord op elke pagina van dit boek. Liefde staat aan de top van de piramide van alles wat waardevol is: tevredenheid, vriendelijkheid en geluk, om er maar een paar te noemen. Wanneer je liefde voelt, voel je per definitie ook al het goede in de wereld. Jij hebt jouw bijdrage geleverd: als iedereen zich zo zou voelen zoals jij iemand laat voelen, dan zou de wereld alleen maar geluk kennen. Zo bijzonder ben jij.

Jullie zijn geluksvogels! Ik wens jullie eeuwige liefde toe. En onthoud: je kunt niet vaak genoeg 'Ik hou van jou' zeggen.

Hans-Wouter (HW) van Dam

In-all-languages.com

Ik hou van jou ▄ (Nederlands) ↦ I love you ▓ (Engels) ↦ Te amo ▄ (Spaans) ↦ Ich liebe dich ▄ (Duits) ↦ Je t'aime ▌▌ (Frans) ↦ Eu te amo ▄ (Portugees) ↦ Aishiteru ⚬ (Japans) ↦ Ti amo ▌▌ (Italiaans) ↦ Ya tebya lyublyu ▄ (Russisch) ↦ Main tumse pyaar karta/karti hoon ▄ (Hindi, India) ↦ Aku cinta kamu ▄ (Indonesisch) ↦ Seni seviyorum ☾ (Turks) ↦ Wǒ ài nǐ ▄ (Mandarijn, China) ↦ Ana uḥibbuka/Ana uḥibbuki (Arabisch) ↦ Ami tomake bhalobashi ▄ (Bengaals, Bangladesh) ↦ Main aap se pyaar karta/karti hoon ☾ (Urdu, Pakistan) ↦ Kocham cię ▄ (Pools) ↦ Ya tebe kokhayu ▄ (Oekraïens) ↦ Te iubesc ▌▌ (Roemeens) ↦ Miluji tě ▄ (Tsjechisch) ↦ S'agapó ▓ (Grieks) ↦ Inħobbok ▌▌ (Maltees) ↦ Szeretlek ▄ (Hongaars) ↦ Tha gaol agam ort ✕ (Schots-Gaelisch) ↦ Jo t'estimo ▌▌ (Catalaans, Andorra) ↦ Rwy'n dy garu di ▓ (Welsh) ↦ Ég elska þig ▄ (IJslands) ↦ Jag älskar dig ▄ (Zweeds) ↦ Jeg elsker dig ▄ (Deens) ↦ Jeg elsker deg ▄ (Noors) ↦ Minä rakastan sinua ▄ (Fins) ↦ Is breá liom tú ▌▌ (Iers) ↦ Ech

hunn dech gär ▨ (Luxemburgs) ↠ Ma armastan sind ▨

(Ests) ↠ Es tevi mīlu ▨ (Lets) ↠ Aš tave myliu ▨

(Litouws) ↠ Rad te imam ▨ (Sloveens) ↠ Ľúbim t'a ▨

(Slowaaks) ↠ Volim te ▨ (Kroatisch) ↠ Volim te ▨

(Servisch) ↠ Volim te ▨ (Bosnisch) ↠ Volim te ▨

(Montenegrijns) ↠ Obicham te ▨ (Bulgaars) ↠ Te sakam

▨ (Macedonisch) ↠ Te dua ▨ (Albanees) ↠ Miqvarxar

▨ (Georgisch) ↠ Yes kez sirum em ▨ (Armeens) ↠ Sara

uzara bzoyt (Abchazisch, Abchazië) ↠ Äz dä uarzyn

(Ossetisch, Zuid-Ossetië) ↠ Ani ohev otach/Ani ohevet

otkha ▨ (Hebreeuws) ↠ Baḥibbak/Baḥibbik ▨

(Libanees) ↠ Dooset dāram ▨ (Perzisch, Iran) ↠ Men

seni söÿÿärin ▨ (Turkmeens, Turkmenistan) ↠ Mən səni

sevirəm ▨ (Azerbeidzjaans) ↠ Men seni sevaman ▨

(Oezbeeks, Oezbekistan) ↠ Dostat daaram ▨ (Dari -

Afghanistan) ↠ Man turo dūst medoram (Tadzjieks,

Tadzjikistan) ↠ Seni süyöm ▨ (Kirgizisch, Kirgizië) ↠

Nga gi che lu ga ▨ (Dzongkha, Bhutan) ↠ Mama oyāṭa

ādareyi ▨ (Singalees, Sri Lanka) ↠ Aharen kaley dhanee

loabi vey ▨ (Divehi, Maledieven) ↠ Chit tal ▨ (Birmees,

Myanmar) ↠ Khoy hak chao 🏴 (Laotiaans, Laos) ↠ Chan

rak khun 🏴 (Thais) ↠ Knhom srolanh neak 🏴 (Khmer,

Cambodja) ↠ Anh yêu em/Em yêu anh 🏴 (Vietnamees)

↠ Ma timīlā'ī māyā garchu 🏴 (Nepalees) ↠ Aku cinta

kamu 🏴 (Maleis, Maleisië) ↠ Mahal kita 🏴 (Tagalog,

Filipijnen) ↠ Mi laikim yu tumas 🏴 (Tok Pisin, Papoea-

Nieuw-Guinea) ↠ Ngo5 oi3 nei5 🏴 (Kantonees,

Hongkong) ↠ Saranghaeyo 🏴 🏴 (Koreaans) ↠ Bi chamd

khairtai 🏴 (Mongools) ↠ Hemlighk/Hemlighkem 🏴 🏴

(Berbers - Marokko, Algerije) ↠ Feqreki/Feqreka 🏴

(Tigrinya, Eritrea) ↠ Waan ku jeclahay 🏴 (Somalisch) ↠

Ko kiciyoh 🏴 (Afar, Ethiopië) ↠ Nakupenda (Swahili) ↠

Mbi ndoye mo 🏴 (Sango, Centraal-Afrikaanse Republiek)

↠ Ina son ka/Ina son ki 🏴 (Hausa, Niger) ↠ Medɔ wo

🏴 (Akan, Ghana) ↠ Tia anao aho 🏴 (Malagassisch,

Madagaskar) ↠ Ngiyakutsandza 🏴 (Swazi, eSwatini) ↠ kea

u rata 🏴 (Zuid-Sotho, Lesotho) ↠ Ek het jou lief 🏴

(Afrikaans) ↠ Ngiyakuthanda 🏴 (Zoeloe) ↠ Alofa atu 🏴

(Samoaans, Samoa) → Mwen renmen ou (Haïtiaans-Creools).

Zijn dit 'alle talen'?

Nee, wereldwijd bestaan meer dan 7.000 talen. Alleen al in Papoea-Nieuw-Guinea worden meer dan 800 talen gesproken. We hebben ze niet allemaal geteld, maar je kunt er de liefde van je geliefde op verwedden dat "Ik hou van jou" een van de meest gefluisterde zinnen in elke taal is.

Een wetenschappelijke schatting stelt dat sinds het ontstaan van taal, minstens 100.000 jaar geleden, ongeveer 50.000 talen hebben bestaan. De evolutie van taal is echter een lang proces geweest en niemand weet precies hoe lang het heeft geduurd.

Wanneer zou de eerste 'Ik hou van jou' zijn uitgesproken? Hoe lang mensen al 'Ik hou van jou' tegen elkaar zeggen blijft een mysterie. Wat wel zeker is: 'ik hou van jou' in alle talen van jouw geliefde speciaal voor jou, blijft doorgaan in dit boek vol liefde…

Ik hou van jou ↣ Ik hou van

jou ↦ Ik hou van jou.

Ik hou van jou in het Engels

I love you ↦ I love

you ↦ I love you.

Ik hou van jou in het Spaans

Te amo ↦ Te amo ↦

Te amo ↣ Te amo.

Ik hou van jou in het Duits

Ich liebe dich ↣ Ich liebe dich ↣

Ich liebe dich ⇝ Ich liebe dich ⇝ Ich liebe dich ⇝ Ich liebe dich ⇝ Ich liebe dich ⇝ Ich liebe dich ⇝ Ich liebe dich ⇝ Ich liebe dich ⇝ Ich liebe dich ⇝ Ich liebe dich ⇝ Ich liebe dich ⇝ Ich liebe dich ⇝ Ich liebe dich ⇝ Ich liebe dich ⇝ Ich liebe dich ⇝ Ich liebe dich ⇝ Ich liebe dich ⇝ Ich liebe dich.

Ik hou van jou in het Frans

Je t'aime ⇝ Je t'aime

↦ Je t'aime ↦ Je t'aime.

Ik hou van jou in het Portugees

Eu te amo ↦ Eu te

amo ↣ Eu te amo.

Ik hou van jou in het Japans

Aishiteru ↣ Aishiteru ↣ Aishiteru ↣ Aishiteru ↣ Aishiteru ↣ Aishiteru ↣ Aishiteru ↣ Aishiteru ↣ Aishiteru ↣ Aishiteru Aishiteru ↣ Aishiteru ↣ Aishiteru ↣ Aishiteru ↣ Aishiteru ↣ Aishiteru ↣ Aishiteru ↣ Aishiteru ↣ Aishiteru ↣ Aishiteru ↣ Aishiteru Aishiteru ↣ Aishiteru ↣ Aishiteru ↣ Aishiteru ↣ Aishiteru ↣ Aishiteru ↣ Aishiteru ↣ Aishiteru ↣ Aishiteru ↣ Aishiteru Aishiteru ↣ Aishiteru ↣ Aishiteru ↣ Aishiteru ↣ Aishiteru ↣ Aishiteru ↣ Aishiteru ↣ Aishiteru ↣ Aishiteru ↣ Aishiteru ↣ Aishiteru ↣ Aishiteru ↣. ishiteru ↣ Aishiteru ↣ Aishiteru ↣ Aishiteru ↣ Aishiteru Aishiteru ↣ Aishiteru ↣ Aishiteru ↣ Aishiteru ↣ Aishiteru ↣ Aishiteru ↣ Aishiteru ↣ Aishiteru ↣ Aishiteru ↣ Aishiteru ↣ Aishiteru Aishiteru ↣ Aishiteru ↣ Aishiteru ↣ Aishiteru ↣ Aishiteru ↣ Aishiteru ↣ Aishiteru ↣ Aishiteru ↣ Aishiteru ↣ Aishiteru ↣ Aishiteru ↣ Aishiteru ↣ Aishiteru Aishiteru ↣

Aishiteru ↠ Aishiteru ↠ Aishiteru ↠ Aishiteru ↠
Aishiteru ↠ Aishiteru ↠ Aishiteru ↠ Aishiteru ↠ Aishiteru
↠ Aishiteru ↠ Aishiteru ↠ Aishiteru ↠. ishiteru ↠
Aishiteru ↠ Aishiteru ↠ Aishiteru ↠ Aishiteru Aishiteru ↠
Aishiteru ↠ Aishiteru ↠ Aishiteru.

Ik hou van jou in het Italiaans

Ti amo ↠ Ti amo ↠ Ti amo ↠ Ti amo ↠ Ti amo ↠ Ti amo
↠ Ti amo ↠ Ti amo ↠ Ti amo ↠ Ti amo ↠ Ti amo ↠
Ti amo ↠ Ti amo ↠ Ti amo ↠ Ti amo ↠ Ti amo ↠ Ti amo
↠ Ti amo ↠ Ti amo ↠ Ti amo ↠ Ti amo ↠ Ti amo ↠
Ti amo ↠ Ti amo ↠ Ti amo ↠ Ti amo ↠ Ti amo ↠ Ti amo
↠ Ti amo ↠ Ti amo ↠ Ti amo ↠ Ti amo ↠ Ti amo ↠
Ti amo ↠ Ti amo ↠ Ti amo ↠ Ti amo ↠ Ti amo ↠ Ti amo
↠ Ti amo ↠ Ti amo ↠ Ti amo ↠ Ti amo ↠ Ti amo ↠
Ti amo ↠ Ti amo ↠ Ti amo ↠ Ti amo ↠ Ti amo ↠ Ti amo
↠ Ti amo ↠ Ti amo ↠ Ti amo ↠ Ti amo ↠ Ti amo ↠
Ti amo ↠ Ti amo ↠ Ti amo ↠ Ti amo ↠ Ti amo ↠ Ti amo
↠ Ti amo ↠ Ti amo ↠ Ti amo ↠ Ti amo ↠ Ti amo ↠
Ti amo ↠ Ti amo ↠ Ti amo ↠ Ti amo ↠ Ti amo ↠ Ti amo
↠ Ti amo ↠ Ti amo ↠ Ti amo ↠ Ti amo ↠ Ti amo ↠
Ti amo ↠ Ti amo ↠ Ti amo ↠ Ti amo ↠ Ti amo ↠ Ti
amo ↠ Ti amo ↠ Ti amo ↠ Ti amo ↠ Ti amo ↠ Ti
amo ↠ Ti amo ↠ Ti amo ↠ Ti amo ↠ Ti amo ↠ Ti amo ↠

Ti amo ⇥ Ti amo ⇥ Ti amo ⇥ Ti amo ⇥ Ti amo ⇥ Ti amo ⇥ Ti amo ⇥ Ti amo ⇥ Ti amo ⇥ Ti amo ⇥ Ti amo⇥ Ti amo ⇥ Ti amo ⇥ Ti amo ⇥ Ti amo ⇥ Ti amo ⇥ Ti amo ⇥ Ti amo ⇥ Ti amo ⇥ Ti amo ⇥ Ti amo ⇥ Ti amo ⇥ Ti amo ⇥ Ti amo ⇥ Ti amo ⇥ Ti amo⇥ Ti amo ⇥ Ti amo ⇥ Ti amo ⇥ Ti amo ⇥ Ti amo ⇥ Ti amo ⇥ Ti amo ⇥ Ti amo ⇥ Ti amo ⇥ Ti amo ⇥ Ti amo ⇥ Ti amo ⇥ Ti amo ⇥ Ti amo ⇥ Ti amo ⇥ Ti amo.

Ik hou van jou in het Russisch

Ya tebya lyublyu ⇥ Ya tebya lyublyu ⇥ Ya tebya lyublyu ⇥ Ya tebya lyublyu ⇥ Ya tebya lyublyu ⇥ Ya tebya lyublyu ⇥ Ya tebya lyublyu ⇥ Ya tebya lyublyu ⇥ Ya tebya lyublyu ⇥. Ya tebya lyublyu ⇥ Ya tebya lyublyu ⇥ Ya tebya lyublyu ⇥ Ya tebya lyublyu ⇥. Ya tebya lyublyu ⇥. Ya tebya lyublyu ⇥ Ya tebya lyublyu ⇥ Ya tebya lyublyu ⇥ Ya tebya lyublyu ⇥. Ya tebya lyublyu ⇥ Ya tebya lyublyu ⇥ Ya tebya lyublyu ⇥ Ya tebya ⇥ Ya

tebya lyublyu ↣ Ya tebya lyublyu ↣. Ya tebya lyublyu ↣ Ya tebya lyublyu ↣ Ya tebya lyublyu ↣ Ya tebya lyublyu ↣. Ya tebya lyublyu ↣ Ya tebya lyublyu ↣ Ya tebya lyublyu ↣ Ya tebya.

Ik hou van jou in het Hindi (India)

Main tumse pyaar karta/karti hoon ↣ Main tumse

pyaar karta/karti hoon ⇝ Main tumse pyaar karta/karti hoon ⇝ Main tumse pyaar karta/karti hoon ⇝ Main tumse pyaar karta/karti hoon ⇝ Main tumse pyaar karta/karti hoon ⇝ Main tumse pyaar karta/karti hoon ⇝ Main tumse pyaar karta/karti hoon ⇝ Main tumse pyaar karta/karti hoon ⇝ Main tumse pyaar karta/karti hoon.

Ik hou van jou in het Indonesisch

Aku cinta kamu ⇝ Aku

cinta kamu ↠ Aku cinta kamu ↠ Aku cinta kamu ↠ Aku cinta kamu ↠ Aku cinta kamu ↠ Aku cinta kamu ↠ Aku cinta kamu ↠ Aku cinta kamu ↠ Aku cinta kamu ↠ Aku cinta kamu ↠ Aku cinta kamu ↠ Aku cinta kamu ↠ Aku cinta kamu ↠ Aku cinta kamu ↠ Aku cinta kamu ↠ Aku cinta kamu ↠ Aku cinta kamu ↠ Aku cinta kamu.

Ik hou van jou in het Turks

Seni seviyorum ↠ Seni seviyorum ↠

Seni seviyorum ⇢ Seni seviyorum ⇢ Seni seviyorum ⇢ Seni seviyorum ⇢ Seni seviyorum ⇢ Seni seviyorum ⇢ Seni seviyorum ⇢ Seni seviyorum ⇢ Seni seviyorum ⇢ Seni seviyorum ⇢ Seni seviyorum ⇢ Seni seviyorum ⇢ Seni seviyorum ⇢ Seni seviyorum.

Ik hou van jou in het Mandarijn (China)

Wǒ ài nǐ ⇢ Wǒ ài nǐ ⇢

Wǒ ài nǐ ⇸ Wǒ ài nǐ.

Ik hou van jou in het Arabisch

Ana uḥibbuka / Ana uḥibbuki ⇸ Ana uḥibbuka / Ana uḥibbuki ⇸ Ana uḥibbuka / Ana uḥibbuki ⇸ Ana uḥibbuka / Ana uḥibbuki ⇸ Ana uḥibbuka / Ana uḥibbuki ⇸ Ana uḥibbuka / Ana uḥibbuki ⇸ Ana uḥibbuka / Ana uḥibbuki ⇸ Ana uḥibbuka / Ana uḥibbuki ⇸ Ana uḥibbuka / Ana uḥibbuki ⇸ Ana uḥibbuka / Ana uḥibbuki ⇸ Ana uḥibbuka / Ana uḥibbuki ⇸ Ana uḥibbuka / Ana uḥibbuki ⇸ Ana uḥibbuka / Ana uḥibbuki ⇸ Ana uḥibbuka / Ana uḥibbuki ⇸ Ana uḥibbuka / Ana uḥibbuki ⇸ Ana uḥibbuka / Ana uḥibbuki ⇸ Ana uḥibbuka / Ana uḥibbuki ⇸ Ana uḥibbuka

/ Ana uḥibbuki ↣ Ana uḥibbuka / Ana uḥibbuki ↣ Ana uḥibbuka / Ana uḥibbuki ↣ Ana uḥibbuka / Ana uḥibbuki ↣ Ana uḥibbuka / Ana uḥibbuki ↣ Ana uḥibbuka / Ana uḥibbuki ↣ Ana uḥibbuka / Ana uḥibbuki ↣ Ana uḥibbuka / Ana uḥibbuki ↣ Ana uḥibbuka / Ana uḥibbuki ↣ Ana uḥibbuka / Ana uḥibbuki ↣ Ana uḥibbuka / Ana uḥibbuki ↣ Ana uḥibbuka / Ana uḥibbuki ↣ Ana uḥibbuka / Ana uḥibbuki ↣ Ana uḥibbuka / Ana uḥibbuki ↣ Ana uḥibbuka / Ana uḥibbuki ↣ Ana uḥibbuka / Ana uḥibbuki ↣ Ana uḥibbuka / Ana uḥibbuki ↣ Ana uḥibbuka / Ana uḥibbuki.

Ik hou van jou in het Bengaals (Bangladesh)

Ami tomake bhalobashi ↣ Ami tomake bhalobashi ↣ Ami tomake bhalobashi ↣ Ami tomake bhalobashi ↣ Ami tomake bhalobashi ↣ Ami tomake bhalobashi ↣ Ami tomake bhalobashi ↣ Ami tomake bhalobashi ↣ Ami tomake bhalobashi ↣ Ami tomake bhalobashi ↣ Ami tomake bhalobashi ↣ Ami tomake bhalobashi ↣ Ami tomake bhalobashi ↣ Ami tomake bhalobashi ↣ Ami tomake bhalobashi ↣ Ami tomake bhalobashi ↣ Ami tomake bhalobashi ↣ Ami tomake bhalobashi ↣ Ami tomake bhalobashi ↣ Ami

tomake bhalobashi ↠ Ami tomake bhalobashi ↠ Ami
tomake bhalobashi ↠ Ami tomake bhalobashi ↠ Ami
tomake bhalobashi ↠ Ami tomake bhalobashi ↠ Ami
tomake bhalobashi ↠ Ami tomake bhalobashi ↠ Ami
tomake bhalobashi ↠ Ami tomake bhalobashi ↠ Ami
tomake bhalobashi ↠ Ami tomake bhalobashi ↠ Ami
tomake bhalobashi ↠ Ami tomake bhalobashi ↠ Ami
tomake bhalobashi ↠ Ami tomake bhalobashi ↠ Ami
tomake bhalobashi ↠ Ami tomake bhalobashi ↠ Ami
tomake bhalobashi ↠ Ami tomake bhalobashi ↠ Ami
tomake bhalobashi.

Ik hou van jou in het Urdu (Pakistan)

Main aap se pyaar karta/karti hoon ↠ Main aap se pyaar karta/karti hoon ↠ Main aap se pyaar karta/karti hoon ↠ Main aap se pyaar karta/karti hoon ↠ Main aap se pyaar karta/karti hoon ↠ Main aap se pyaar karta/karti hoon ↠ Main aap se pyaar karta/karti hoon ↠ Main aap se pyaar karta/karti hoon ↠ Main aap se pyaar karta/karti hoon ↠ Main aap se pyaar karta/karti hoon ↠ Main aap se pyaar karta/karti hoon ↠ Main aap se pyaar karta/karti hoon ↠ Main aap se pyaar karta/karti hoon ↠ Main aap se pyaar karta/karti hoon ↠

Main aap se pyaar karta/karti hoon ↣ Main aap se pyaar karta/karti hoon ↣ Main aap se pyaar karta/karti hoon ↣ Main aap se pyaar karta/karti hoon ↣ Main aap se pyaar karta/karti hoon ↣ Main aap se pyaar karta/karti hoon ↣ Main aap se pyaar karta/karti hoon ↣ Main aap se pyaar karta/karti hoon ↣ Main aap se pyaar karta/karti hoon ↣ Main aap se pyaar karta/karti hoon ↣ Main aap se pyaar karta/karti hoon ↣ Main aap se pyaar karta/karti hoon ↣ Main aap se pyaar karta/karti hoon ↣ Main aap se pyaar karta/karti hoon ↣ Main aap se pyaar karta/karti hoon. Main aap se pyaar karta/karti hoon ↣ Main aap se pyaar karta/karti hoon ↣ Main aap se pyaar karta/karti hoon ↣ Main aap se pyaar karta/karti hoon. Main aap se pyaar karta/karti hoon ↣ Main aap se pyaar karta/karti hoon ↣ Main aap se pyaar karta/karti hoon ↣ Main aap se pyaar karta/karti hoon. Main aap se pyaar karta/karti hoon ↣ Main aap se pyaar karta/karti hoon.

Ik hou van jou in het Pools

Kocham cię ↣ Kocham cię ↣ Kocham cię ↣ Kocham cię ↣ Kocham cię ↣ Kocham cię ↣ Kocham cię ↣ Kocham cię ↣ Kocham cię ↣ Kocham cię ↣ Kocham cię ↣ Kocham cię ↣ Kocham cię ↣ Kocham cię ↣ Kocham

cię ↣ Kocham cię.

Ik hou van jou in het Oekraïens

Ya tebe kokhayu ↣ Ya tebe kokhayu ↣ Ya tebe kokhayu ↣ Ya tebe kokhayu ↣ Ya tebe kokhayu ↣ Ya tebe kokhayu ↣ Ya tebe kokhayu ↣ Ya tebe kokhayu ↣ Ya tebe kokhayu ↣ Ya tebe kokhayu ↣ Ya tebe kokhayu ↣ Ya tebe kokhayu ↣ Ya tebe kokhayu ↣ Ya tebe kokhayu

➻ Ya tebe kokhayu Ya tebe kokhayu ➻ Ya tebe kokhayu ➻ Ya tebe kokhayu ➻ Ya tebe kokhayu ➻ Ya tebe kokhayu ➻ Ya tebe kokhayu ➻ Ya tebe kokhayu ➻ Ya tebe kokhayu ➻ Ya tebe kokhayu ➻ Ya tebe kokhayu ➻ Ya tebe kokhayu ➻ Ya tebe kokhayu ➻ Ya tebe kokhayu.

Ik hou van jou in het Roemeens

Te iubesc ➻ Te iubesc

↠ Te iubesc ↠ Te iubesc.

Ik hou van jou in het Tsjechisch

Miluji tě ↠ Miluji tě ↠

Miluji tě ↠ Miluji tě.

Ik hou van jou in het Grieks

S'agapó ↠ S'agapó ↠ S'agapó ↠ S'agapó ↠ S'agapó ↠ S'agap ó ↠ S'agapó ↠ S'agapó ↠ S'agapó ↠ S'agapó ↠ S'agapó ↠ S'agapó ↠ S'agapó ↠ S'agapó ↠ S'agap ó ↠ S'agapó ↠ S'agapó ↠ S'agapó ↠ S'agapó ↠ S'agapó ↠ S'agapó ↠ S'agapó ↠ S'agapó ↠ S'agap ó ↠ S'agapó ↠ S'agapó ↠ S'agapó ↠ S'agapó ↠ S'agapó ↠ S'agapó ↠ S'agapó ↠ S'agap ó ↠ S'agapó ↠ S'agapó ↠ S'agapó ↠ S'agapó ↠ S'agapó ↠ S'agapó ↠ S'agapó ↠ S'agap ó ↠ S'agapó ↠ S'agapó ↠ S'agapó ↠ S'agapó ↠ S'agapó ↠ S'agapó ↠ S'agapó ↠ S'agap ó ↠ S'agapó ↠ S'agapó ↠ S'agapó ↠ S'agapó ↠

S'agapó ↠ S'agap ó ↠ S'agapó ↠ S'agapó ↠ S'agapó ↠
S'agapó ↠ S'agapó ↠ S'agapó ↠ S'agapó ↠
S'agapó ↠ S'agap ó ↠ S'agapó ↠ S'agapó ↠ S'agapó ↠
S'agapó ↠ S'agapó ↠ S'agapó ↠ S'agapó ↠
S'agapó ↠ S'agap ó ↠ S'agapó ↠ S'agapó ↠ S'agapó ↠
S'agapó ↠ S'agapó ↠ S'agapó ↠ S'agapó ↠
S'agapó ↠ S'agap ó ↠ S'agapó ↠ S'agapó ↠ S'agapó ↠
S'agapó ↠ S'agapó ↠ S'agapó ↠ S'agapó ↠
S'agapó ↠ S'agap ó ↠ S'agapó ↠ S'agapó ↠ S'agapó ↠
S'agapó ↠ S'agapó ↠ S'agapó ↠ S'agapó ↠
S'agapó ↠ S'agap ó ↠ S'agapó ↠ S'agapó ↠ S'agapó.

Ik hou van jou in het Maltees

Inħobbok ↠ Inħobbok ↠ Inħobbok ↠
Inħobbok ↠ Inħobbok ↠ Inħobbok ↠ Inħobbok ↠
Inħobbok ↠ Inħobbok ↠ Inħobbok ↠
Inħobbok ↠ Inħobbok ↠ Inħobbok ↠ Inħobbok ↠
Inħobbok ↠ Inħobbok ↠ Inħobbok ↠
Inħobbok ↠ Inħobbok ↠ Inħobbok ↠ Inħobbok ↠
Inħobbok ↠ Inħobbok ↠ Inħobbok ↠
Inħobbok ↠ Inħobbok ↠ Inħobbok ↠ Inħobbok ↠
Inħobbok ↠ Inħobbok ↠ Inħobbok ↠
Inħobbok ↠ Inħobbok ↠ Inħobbok ↠ Inħobbok ↠
Inħobbok ↠ Inħobbok ↠ Inħobbok ↠

Inhobbok ⇢ Inhobbok ⇢ Inhobbok ⇢ Inhobbok ⇢
Inhobbok ⇢ Inhobbok ⇢ Inhobbok ⇢
Inhobbok ⇢ Inhobbok ⇢ Inhobbok ⇢ Inhobbok ⇢
Inhobbok ⇢ Inhobbok ⇢ Inhobbok ⇢
Inhobbok ⇢ Inhobbok ⇢ Inhobbok ⇢ Inhobbok ⇢
Inhobbok ⇢ Inhobbok ⇢ Inhobbok ⇢
Inhobbok ⇢ Inhobbok ⇢ Inhobbok ⇢ Inhobbok ⇢
Inhobbok ⇢ Inhobbok ⇢ Inhobbok ⇢
Inhobbok ⇢ Inhobbok ⇢ Inhobbok ⇢ Inhobbok.

Ik hou van jou in het Hongaars

Szeretlek ⇢ Szeretlek ⇢ Szeretlek ⇢ Szeretlek ⇢
Szeretlek ⇢ Szeretlek ⇢ Szeretlek ⇢ Szeretlek ⇢ Szeretlek ⇢
Szeretlek ⇢ Szeretlek ⇢ Szeretlek ⇢ Szeretlek ⇢
Szeretlek ⇢ Szeretlek ⇢ Szeretlek ⇢ Szeretlek ⇢ Szeretlek ⇢
Szeretlek ⇢ Szeretlek ⇢ Szeretlek ⇢ Szeretlek ⇢
Szeretlek ⇢ Szeretlek ⇢ Szeretlek ⇢ Szeretlek ⇢ Szeretlek ⇢
Szeretlek ⇢ Szeretlek ⇢ Szeretlek ⇢ Szeretlek ⇢
Szeretlek ⇢ Szeretlek ⇢ Szeretlek ⇢ Szeretlek ⇢ Szeretlek ⇢
Szeretlek ⇢ Szeretlek ⇢ Szeretlek ⇢ Szeretlek ⇢
Szeretlek ⇢ Szeretlek ⇢ Szeretlek ⇢ Szeretlek ⇢ Szeretlek ⇢
Szeretlek ⇢ Szeretlek ⇢ Szeretlek ⇢ Szeretlek ⇢
Szeretlek ⇢ Szeretlek ⇢ Szeretlek ⇢ Szeretlek ⇢ Szeretlek ⇢
Szeretlek ⇢ Szeretlek ⇢ Szeretlek ⇢ Szeretlek ⇢

Szeretlek ➻ Szeretlek

Ik hou van jou in het Schots-Gaelisch

Tha gaol agam ort ➻ Tha gaol

agam ort ➻ Tha gaol agam ort. ➻ Tha gaol agam ort ➻ Tha gaol agam ort ➻ Tha gaol agam ort ➻ Tha gaol agam ort ➻ Tha gaol agam ort ➻ Tha gaol agam ort. ➻ Tha gaol agam ort ➻ Tha gaol agam ort ➻ Tha gaol agam ort ➻ Tha gaol agam ort ➻ Tha gaol agam ort ➻ Tha gaol agam ort.

Ik hou van jou in het Catalaans

Jo t'estimo ➻ Jo

t'estimo ➻ Jo t'estimo ➻ Jo t'estimo ➻ Jo t'estimo ➻
Jo t'estimo ➻ Jo t'estimo ➻ Jo t'estimo ➻ Jo t'estimo ➻ Jo
t'estimo ➻ Jo t'estimo ➻ Jo t'estimo ➻ Jo t'estimo ➻
Jo t'estimo ➻ Jo t'estimo ➻ Jo t'estimo ➻ Jo t'estimo ➻ Jo
t'estimo ➻ Jo t'estimo ➻ Jo t'estimo ➻ Jo t'estimo ➻
Jo t'estimo ➻ Jo t'estimo ➻ Jo t'estimo ➻ Jo t'estimo ➻ Jo
t'estimo ➻ Jo t'estimo ➻ Jo t'estimo ➻ Jo t'estimo ➻
Jo t'estimo ➻ Jo t'estimo ➻ Jo t'estimo ➻ Jo t'estimo ➻ Jo
t'estimo ➻ Jo t'estimo ➻ Jo t'estimo ➻ Jo t'estimo ➻
Jo t'estimo ➻ Jo t'estimo ➻ Jo t'estimo ➻ Jo t'estimo ➻ Jo
t'estimo ➻ Jo t'estimo ➻ Jo t'estimo ➻ Jo t'estimo ➻
Jo t'estimo ➻ Jo t'estimo ➻ Jo t'estimo ➻ Jo t'estimo ➻ Jo
t'estimo ➻ Jo t'estimo ➻ Jo t'estimo ➻ Jo t'estimo ➻
Jo t'estimo ➻ Jo t'estimo ➻ Jo t'estimo ➻ Jo t'estimo ➻ Jo
t'estimo ➻ Jo t'estimo ➻ Jo t'estimo ➻ Jo t'estimo ➻
Jo t'estimo ➻ Jo t'estimo ➻ Jo t'estimo ➻ Jo t'estimo ➻ Jo
t'estimo ➻ Jo t'estimo ➻ Jo t'estimo ➻ Jo t'estimo ➻
Jo t'estimo ➻ Jo t'estimo ➻ Jo t'estimo ➻ Jo t'estimo.

Ik hou van jou in het Welsh

Rwy'n dy garu di ➻ Rwy'n dy garu di ➻ Rwy'n dy
garu di ➻ Rwy'n dy garu di ➻ Rwy'n dy garu di ➻ Rwy'n
dy garu di ➻ Rwy'n dy garu di ➻ Rwy'n dy garu di ➻
Rwy'n dy garu di ➻ Rwy'n dy garu di ➻ Rwy'n dy garu di

➥ Rwy'n dy garu di ➥ Rwy'n dy garu di.

Ik hou van jou in het IJslands

Ég elska þig ➥ Ég elska þig ➥ Ég elska þig ➥ Ég elska þig ➥ Ég elska þig ➥ Ég elska þig ➥ Ég elska þig ➥ Ég elska þig ➥ Ég elska þig ➥ Ég elska þig ➥ Ég elska þig ➥ Ég elska þig ➥ Ég elska þig ➥ Ég elska

þig ⇸ Ég elska þig.

Ik hou van jou in het Zweeds

Jag älskar dig ⇸ Jag älskar dig ⇸ Jag älskar dig ⇸ Jag älskar dig ⇸ Jag älskar dig ⇸ Jag älskar dig ⇸ Jag älskar dig ⇸ Jag

älskar dig ↦ Jag älskar dig ↦ Jag älskar dig ↦ Jag älskar dig ↦
Jag älskar dig ↦ Jag älskar dig ↦ Jag älskar dig ↦ Jag älskar
dig ↦ Jag älskar dig ↦ Jag älskar dig ↦ Jag älskar dig ↦ Jag
älskar dig ↦ Jag älskar dig ↦ Jag älskar dig ↦ Jag älskar dig ↦
Jag älskar dig ↦ Jag älskar dig ↦ Jag älskar dig ↦ Jag älskar
dig ↦ Jag älskar dig ↦ Jag älskar dig ↦ Jag älskar dig ↦ Jag
älskar dig ↦ Jag älskar dig ↦ Jag älskar dig ↦ Jag älskar dig ↦
Jag älskar dig ↦ Jag älskar dig ↦ Jag älskar dig ↦ Jag älskar
dig ↦ Jag älskar dig ↦ Jag älskar dig ↦ Jag älskar dig ↦ Jag
älskar dig ↦ Jag älskar dig ↦ Jag älskar dig ↦ Jag älskar dig ↦
Jag älskar dig ↦ Jag älskar dig ↦ Jag älskar dig ↦ Jag älskar
dig ↦ Jag älskar dig ↦ Jag älskar dig ↦ Jag älskar dig ↦ Jag
älskar dig ↦ Jag älskar dig ↦ Jag älskar dig ↦ Jag älskar dig ↦
Jag älskar dig.

Ik hou van jou in het Deens

Jeg elsker dig ↦ Jeg elsker dig ↦ Jeg elsker dig ↦ Jeg elsker
dig ↦ Jeg elsker dig ↦ Jeg elsker dig ↦ Jeg elsker dig ↦ Jeg
elsker dig ↦ Jeg elsker dig ↦ Jeg elsker dig ↦ Jeg elsker dig
↦ Jeg elsker dig ↦ Jeg elsker dig ↦ Jeg elsker dig ↦ Jeg
elsker dig ↦ Jeg elsker dig ↦ Jeg elsker dig ↦ Jeg elsker dig
↦ Jeg elsker dig ↦ Jeg elsker dig ↦ Jeg elsker dig ↦ Jeg
elsker dig ↦ Jeg elsker dig ↦ Jeg elsker dig ↦ Jeg elsker dig
↦ Jeg elsker dig ↦ Jeg elsker dig ↦ Jeg elsker dig ↦ Jeg

elsker dig ↣ Jeg elsker dig.

Ik hou van jou in het Noors

Jeg elsker deg ↣ Jeg

elsker deg ↦ Jeg elsker deg ↦ Jeg elsker deg ↦ Jeg elsker deg ↦ Jeg elsker deg ↦ Jeg elsker deg ↦ Jeg elsker deg ↦ Jeg elsker deg ↦ Jeg elsker deg ↦ Jeg elsker deg ↦ Jeg elsker deg ↦ Jeg elsker deg ↦ Jeg elsker deg ↦ Jeg elsker deg ↦ Jeg elsker deg ↦ Jeg elsker deg ↦ Jeg elsker deg ↦ Jeg elsker deg ↦ Jeg elsker deg ↦ Jeg elsker deg. ↦ Jeg elsker deg ↦ Jeg elsker deg ↦ Jeg elsker deg ↦ Jeg elsker deg ↦ Jeg elsker deg ↦ Jeg elsker deg ↦ Jeg elsker deg ↦ Jeg elsker deg ↦ Jeg elsker deg ↦ Jeg elsker deg ↦ Jeg elsker deg. ↦ Jeg elsker deg ↦ Jeg elsker deg ↦ Jeg elsker deg ↦ Jeg elsker deg ↦ Jeg elsker deg ↦ Jeg elsker deg ↦ Jeg elsker deg ↦ Jeg elsker deg ↦ Jeg elsker deg ↦ Jeg elsker deg. ↦ Jeg elsker deg ↦ Jeg elsker deg ↦ Jeg elsker deg ↦ Jeg elsker deg ↦ Jeg elsker deg ↦ Jeg elsker deg ↦ Jeg elsker deg ↦ Jeg elsker deg ↦ Jeg elsker deg ↦ Jeg elsker deg.

Ik hou van jou in het Fins

Minä rakastan sinua ↦ Minä rakastan sinua ↦ Minä rakastan sinua ↦ Minä rakastan sinua ↦ Minä rakastan sinua ↦ Minä rakastan sinua ↦ Minä rakastan sinua ↦ Minä rakastan sinua ↦ Minä rakastan sinua ↦ Minä rakastan sinua ↦ Minä

rakastan sinua ⇝ Minä rakastan sinua.

Ik hou van jou in het Iers

Is breá liom tú ⇝ Is breá liom

tú ↠ Is breá liom tú.

Ik hou van jou in het Luxemburgs

Ech hunn dech gär ↠ Ech hunn dech gär ↠ Ech hunn dech gär ↠ Ech hunn dech gär ↠ Ech hunn dech gär ↠ Ech hunn dech gär ↠ Ech hunn dech gär ↠ Ech hunn dech gär ↠ Ech hunn dech gär ↠ Ech hunn dech gär ↠ Ech hunn dech gär ↠ Ech hunn dech gär ↠ Ech hunn dech gär ↠ Ech

hunn dech gär ⤞ Ech hunn dech gär.

Ik hou van jou in het Ests

Ma armastan sind ⤞ Ma armastan sind

↠ Ma armastan sind ↠ Ma armastan sind.

Ik hou van jou in het Lets

Es tevi mīlu↠Es tevi mīlu↠Es tevi mīlu↠Es tevi mīlu↠Es tevi mīlu ↠ Es tevi mīlu ↠ Es tevi mīlu ↠ Es tevi mīlu ↠ Es tevi mīlu↠Es tevi mīlu↠Es tevi mīlu↠Es tevi mīlu↠Es tevi mīlu ↠ Es tevi mīlu ↠ Es tevi mīlu ↠ Es tevi mīlu ↠ Es tevi mīlu↠Es tevi mīlu↠Es tevi mīlu↠Es tevi mīlu↠Es tevi mīlu ↠ Es tevi mīlu ↠ Es tevi mīlu ↠ Es tevi mīlu ↠ Es tevi mīlu↠Es tevi mīlu↠Es tevi mīlu↠Es tevi mīlu↠Es tevi mīlu ↠ Es tevi mīlu ↠ Es tevi mīlu ↠ Es tevi mīlu ↠ Es tevi mīlu↠Es tevi mīlu↠Es tevi mīlu↠Es tevi mīlu↠Es

tevi mīlu ➻ Es tevi mīlu ➻ Es tevi mīlu ➻ Es tevi mīlu ➻ Es tevi mīlu➻Es tevi mīlu➻Es tevi mīlu➻Es tevi mīlu➻Es tevi mīlu ➻ Es tevi mīlu ➻ Es tevi mīlu ➻ Es tevi mīlu ➻ Es tevi mīlu➻Es tevi mīlu➻Es tevi mīlu➻Es tevi mīlu➻Es tevi mīlu ➻ Es tevi mīlu ➻ Es tevi mīlu ➻ Es tevi mīlu ➻ Es tevi mīlu➻Es tevi mīlu➻Es tevi mīlu➻Es tevi mīlu➻Es tevi mīlu ➻ Es tevi mīlu ➻ Es tevi mīlu ➻ Es tevi mīlu ➻ Es tevi mīlu➻Es tevi mīlu➻Es tevi mīlu➻Es tevi mīlu➻Es tevi mīlu ➻ Es tevi mīlu ➻ Es tevi mīlu ➻ Es tevi mīlu ➻ Es tevi mīlu➻Es tevi mīlu➻Es tevi mīlu➻Es tevi mīlu➻Es tevi mīlu ➻ Es tevi mīlu ➻ Es tevi mīlu ➻ Es tevi mīlu ➻ Es tevi mīlu➻Es tevi mīlu➻Es tevi mīlu➻Es tevi mīlu➻Es tevi mīlu ➻ Es tevi mīlu ➻ Es tevi mīlu ➻ Es tevi mīlu ➻ Es tevi mīlu➻Es tevi mīlu➻Es tevi mīlu➻Es tevi mīlu➻Es tevi mīlu ➻ Es tevi mīlu ➻ Es tevi mīlu ➻ Es tevi mīlu.

Ik hou van jou in het Litouws

Aš tave myliu ➻ Aš tave

myliu ↦ Aš tave myliu ↦ Aš tave myliu ↦ Aš tave myliu ↦
Aš tave myliu ↦ Aš tave myliu ↦ Aš tave myliu ↦ Aš tave
myliu ↦ Aš tave myliu ↦ Aš tave myliu ↦ Aš tave myliu ↦
Aš tave myliu ↦ Aš tave myliu ↦ Aš tave myliu ↦ Aš tave
myliu ↦ Aš tave myliu ↦ Aš tave myliu ↦ Aš tave myliu ↦
Aš tave myliu ↦ Aš tave myliu.

Ik hou van jou in het Sloveens

Rad te imam ↦ Rad te imam ↦ Rad te imam ↦ Rad te
imam ↦ Rad te imam ↦ Rad te imam ↦ Rad te imam ↦ Rad
te imam ↦ Rad te imam ↦ Rad te imam ↦ Rad te imam ↦
Rad te imam ↦ Rad te imam ↦ Rad te imam ↦ Rad te
imam ↦ Rad te imam ↦ Rad te imam ↦ Rad te imam ↦ Rad
te imam ↦ Rad te imam ↦ Rad te imam ↦ Rad te imam ↦
Rad te imam ↦ Rad te imam ↦ Rad te imam ↦ Rad te
imam ↦ Rad te imam ↦ Rad te imam ↦ Rad te imam ↦ Rad
te imam ↦ Rad te imam ↦ Rad te imam ↦ Rad te imam ↦
Rad te imam ↦ Rad te imam ↦ Rad te imam ↦ Rad te
imam ↦ Rad te imam ↦ Rad te imam ↦ Rad te imam ↦ Rad
te imam ↦ Rad te imam ↦ Rad te imam ↦ Rad te imam ↦
Rad te imam ↦ Rad te imam ↦ Rad te imam ↦ Rad te
imam ↦ Rad te imam ↦ Rad te imam ↦ Rad te imam ↦ Rad
te imam ↦ Rad te imam ↦ Rad te imam ↦ Rad te imam ↦
Rad te imam ↦ Rad te imam ↦ Rad te imam ↦ Rad te

imam ↠ Rad te imam Rad te imam ↠ Rad te imam ↠ Rad
te imam ↠ Rad te imam ↠ Rad te imam ↠ Rad te imam ↠
Rad te imam ↠ Rad te imam ↠ Rad te imam ↠ Rad te
imam ↠ Rad te imam ↠ Rad te imam ↠ Rad te imam ↠ Rad
te imam.

Ik hou van jou in het Slowaaks

Ľúbim ťa ↠ Ľúbim ťa ↠ Ľúbim ťa ↠ Ľúbim ťa ↠ Ľúbim
ťa ↠ Ľúbim ťa ↠ Ľúbim ťa ↠ Ľúbim ťa ↠ Ľúbim ťa ↠
Ľúbim ťa ↠ Ľúbim ťa ↠ Ľúbim ťa ↠ Ľúbim ťa ↠ Ľúbim
ťa ↠ Ľúbim ťa ↠ Ľúbim ťa ↠ Ľúbim ťa ↠ Ľúbim ťa ↠
Ľúbim ťa ↠ Ľúbim ťa ↠ Ľúbim ťa ↠ Ľúbim ťa ↠ Ľúbim
ťa ↠ Ľúbim ťa ↠ Ľúbim ťa ↠ Ľúbim ťa ↠ Ľúbim ťa ↠
Ľúbim ťa ↠ Ľúbim ťa ↠ Ľúbim ťa ↠ Ľúbim ťa ↠ Ľúbim
ťa ↠ Ľúbim ťa ↠ Ľúbim ťa ↠ Ľúbim ťa ↠ Ľúbim ťa ↠
Ľúbim ťa ↠ Ľúbim ťa ↠ Ľúbim ťa ↠ Ľúbim ťa ↠ Ľúbim
ťa ↠ Ľúbim ťa ↠ Ľúbim ťa ↠ Ľúbim ťa ↠ Ľúbim ťa ↠
Ľúbim ťa ↠ Ľúbim ťa ↠ Ľúbim ťa ↠ Ľúbim ťa ↠ Ľúbim
ťa ↠ Ľúbim ťa ↠ Ľúbim ťa ↠ Ľúbim ťa ↠ Ľúbim ťa ↠
Ľúbim ťa ↠ Ľúbim ťa ↠ Ľúbim ťa ↠ Ľúbim ťa ↠ Ľúbim
ťa ↠ Ľúbim ťa ↠ Ľúbim ťa ↠ Ľúbim ťa ↠ Ľúbim ťa ↠
Ľúbim ťa ↠ Ľúbim ťa ↠ Ľúbim ťa ↠ Ľúbim ťa ↠ Ľúbim
ťa ↠ Ľúbim ťa ↠ Ľúbim ťa ↠ Ľúbim ťa ↠ Ľúbim ťa ↠
Ľúbim ťa ↠ Ľúbim ťa ↠ Ľúbim ťa ↠ Ľúbim ťa ↠ Ľúbim

ťa ↠ Ľúbim ťa ↠ Ľúbim ťa ↠ Ľúbim ťa ↠ Ľúbim ťa ↠
Ľúbim ťa ↠ Ľúbim ťa ↠ Ľúbim ťa ↠ Ľúbim ťa ↠ Ľúbim
ťa ↠ Ľúbim ťa ↠ Ľúbim ťa ↠ Ľúbim ťa ↠ Ľúbim ťa ↠
Ľúbim ťa ↠ Ľúbim ťa ↠ Ľúbim ťa ↠ Ľúbim ťa ↠ Ľúbim
ťa ↠ Ľúbim ťa ↠ Ľúbim ťa ↠ Ľúbim ťa ↠ Ľúbim ťa ↠
Ľúbim ťa ↠ Ľúbim ťa ↠ Ľúbim ťa ↠ Ľúbim ťa ↠ Ľúbim
ťa ↠ Ľúbim ťa ↠ Ľúbim ťa ↠ Ľúbim ťa ↠ Ľúbim ťa ↠
Ľúbim ťa ↠ Ľúbim ťa.

Ik hou van jou in het Kroatisch, Servisch, Bosnisch en Montenegrijns

Volim te↠Volim te↠Volim te↠Volim te↠Volim te↠Volim te
↠ Volim te ↠ Volim te ↠ Volim te ↠ Volim te ↠ Volim te ↠
Volim te↠Volim te↠Volim te↠Volim te↠Volim te↠Volim te
↠ Volim te ↠ Volim te ↠ Volim te ↠ Volim te ↠ Volim te ↠
Volim te↠Volim te↠Volim te↠Volim te↠Volim te↠Volim te
↠ Volim te ↠ Volim te ↠ Volim te ↠ Volim te ↠ Volim te ↠
Volim te↠Volim te↠Volim te↠Volim te↠Volim te↠Volim te
↠ Volim te ↠ Volim te ↠ Volim te ↠ Volim te ↠ Volim te ↠
Volim te↠Volim te↠Volim te↠Volim te↠Volim te↠Volim te
↠ Volim te ↠ Volim te ↠ Volim te ↠ Volim te ↠ Volim te ↠
Volim te↠Volim te↠Volim te↠Volim te↠Volim te↠Volim te

⇸ Volim te ⇸ Volim te ⇸ Volim te ⇸ Volim te ⇸ Volim te ⇸
Volim te⇸Volim te⇸Volim te⇸Volim te⇸Volim te⇸Volim te
⇸ Volim te ⇸ Volim te ⇸ Volim te ⇸ Volim te ⇸ Volim te ⇸
Volim te⇸Volim te⇸Volim te⇸Volim te⇸Volim te⇸Volim te
⇸ Volim te ⇸ Volim te ⇸ Volim te ⇸ Volim te ⇸ Volim te ⇸
Volim te⇸Volim te⇸Volim te⇸Volim te⇸Volim te⇸Volim te
⇸ Volim te ⇸ Volim te ⇸ Volim te ⇸ Volim te ⇸ Volim te ⇸
Volim te⇸Volim te⇸Volim te⇸Volim te⇸Volim te⇸Volim te
⇸ Volim te ⇸ Volim te ⇸ Volim te ⇸ Volim te ⇸ Volim te ⇸
Volim te⇸Volim te⇸Volim te⇸Volim te⇸Volim te⇸Volim te
⇸ Volim te ⇸ Volim te ⇸ Volim te ⇸ Volim te ⇸ Volim te ⇸
Volim te⇸Volim te⇸Volim te⇸Volim te⇸Volim te⇸Volim te
⇸ Volim te ⇸ Volim te ⇸ Volim te ⇸ Volim te ⇸ Volim te.

Ik hou van jou in het Bulgaars

Obicham te ⇸ Obicham te ⇸ Obicham te ⇸ Obicham te
Obicham te ⇸ Obicham te ⇸ Obicham te ⇸ Obicham te
⇸ Obicham te ⇸ Obicham te ⇸ Obicham te ⇸ Obicham
te ⇸ Obicham te ⇸ Obicham te ⇸ Obicham te ⇸
Obicham te ⇸ Obicham te ⇸ Obicham te ⇸ Obicham te
⇸ Obicham te ⇸ Obicham te ⇸ Obicham te ⇸ Obicham
te ⇸ Obicham te ⇸ Obicham te ⇸ Obicham te ⇸
Obicham te ⇸ Obicham te ⇸ Obicham te ⇸ Obicham te
⇸ Obicham te ⇸ Obicham te ⇸ Obicham te ⇸ Obicham

te   ⇝ Obicham te   ⇝ Obicham te   ⇝ Obicham te   ⇝
Obicham te ⇝ Obicham te ⇝ Obicham te ⇝ Obicham te
⇝ Obicham te ⇝ Obicham te ⇝ Obicham te ⇝ Obicham
te   ⇝ Obicham te   ⇝ Obicham te   ⇝ Obicham te   ⇝
Obicham te ⇝ Obicham te ⇝ Obicham te ⇝ Obicham te
⇝ Obicham te ⇝ Obicham te ⇝ Obicham te ⇝ Obicham
te   ⇝ Obicham te ⇝ Obicham te   ⇝ Obicham te   ⇝
Obicham te ⇝ Obicham te ⇝ Obicham te ⇝ Obicham te
⇝ Obicham te ⇝ Obicham te ⇝ Obicham te ⇝ Obicham
te ⇝ Obicham te ⇝ Obicham te.

Ik hou van jou in het Macedonisch

Te sakam ⇝ Te sakam ⇝ Te sakam ⇝ Te sakam ⇝ Te sakam
⇝ Te sakam ⇝ Te sakam ⇝ Te sakam ⇝ Te sakam ⇝ Te
sakam ⇝ Te sakam ⇝ Te sakam ⇝ Te sakam ⇝ Te sakam ⇝
Te sakam ⇝ Te sakam ⇝ Te sakam ⇝ Te sakam ⇝ Te sakam
⇝ Te sakam ⇝ Te sakam ⇝ Te sakam ⇝ Te sakam ⇝ Te
sakam ⇝ Te sakam ⇝ Te sakam ⇝ Te sakam ⇝ Te sakam ⇝
Te sakam ⇝ Te sakam ⇝ Te sakam ⇝ Te sakam ⇝ Te sakam
⇝ Te sakam ⇝ Te sakam ⇝ Te sakam ⇝ Te sakam ⇝ Te
sakam ⇝ Te sakam ⇝ Te sakam ⇝ Te sakam ⇝ Te sakam ⇝
Te sakam ⇝ Te sakam ⇝ Te sakam ⇝ Te sakam ⇝ Te sakam
⇝ Te sakam ⇝ Te sakam ⇝ Te sakam ⇝ Te sakam ⇝ Te

sakam ↠ Te sakam ↠ Te sakam ↠ Te sakam ↠ Te sakam ↠
Te sakam ↠ Te sakam ↠ Te sakam ↠ Te sakam ↠ Te sakam
↠ Te sakam ↠ Te sakam ↠ Te sakam ↠ Te sakam ↠ Te
sakam ↠ Te sakam ↠ Te sakam ↠ Te sakam ↠ Te sakam ↠
Te sakam ↠ Te sakam ↠ Te sakam ↠ Te sakam ↠ Te sakam
↠ Te sakam ↠ Te sakam ↠ Te sakam ↠ Te sakam ↠ Te
sakam ↠ Te sakam ↠ Te sakam ↠ Te sakam ↠ Te sakam ↠
Te sakam ↠ Te sakam ↠ Te sakam ↠ Te sakam ↠ Te sakam
↠ Te sakam ↠ Te sakam ↠ Te sakam ↠ Te sakam ↠ Te
sakam ↠ Te sakam ↠ Te sakam ↠ Te sakam ↠ Te sakam ↠
Te sakam ↠ Te sakam ↠ Te sakam ↠ Te sakam ↠ Te sakam
↠ Te sakam ↠ Te sakam ↠ Te sakam ↠ Te sakam ↠ Te
sakam ↠ Te sakam ↠ Te sakam ↠ Te sakam ↠ Te sakam ↠
Te sakam ↠ Te sakam ↠ Te sakam ↠ Te sakam ↠ Te sakam
↠ Te sakam ↠ Te sakam ↠ Te sakam ↠ Te sakam ↠ Te
sakam ↠ Te sakam ↠ Te sakam ↠ Te sakam ↠ Te sakam ↠
Te sakam ↠ Te sakam ↠ Te sakam ↠ Te sakam.

Ik hou van jou in het Albanees

Te dua ↠ Te dua ↠ Te dua ↠ Te dua ↠ Te dua ↠ Te
dua ↠ Te dua ↠ Te dua ↠ Te dua ↠ Te dua ↠ Te dua
↠ Te dua ↠ Te dua ↠ Te dua ↠ Te dua ↠ Te dua ↠
Te dua ↠ Te dua ↠ Te dua ↠ Te dua ↠ Te dua ↠ Te
dua ↠ Te dua ↠ Te dua ↠ Te dua ↠ Te dua ↠ Te dua

↣ Te dua ↣ Te dua.

Ik hou van jou in het Georgisch

Mikvarhar↣Mikvarhar↣Mikvarhar↣Mikvarhar↣Mikvarhar ↣ Mikvarhar ↣ Mikvarhar ↣ Mikvarhar ↣ Mikvarhar ↣ Mikvarhar↣Mikvarhar↣Mikvarhar↣Mikvarhar↣Mikvarhar ↣ Mikvarhar ↣ Mikvarhar ↣ Mikvarhar ↣ Mikvarhar ↣ Mikvarhar↣Mikvarhar↣Mikvarhar↣Mikvarhar↣Mikvarhar ↣ Mikvarhar ↣ Mikvarhar ↣ Mikvarhar ↣ Mikvarhar ↣ Mikvarhar↣Mikvarhar↣Mikvarhar↣Mikvarhar↣Mikvarhar ↣ Mikvarhar ↣ Mikvarhar ↣ Mikvarhar ↣ Mikvarhar ↣ Mikvarhar↣Mikvarhar↣Mikvarhar↣Mikvarhar↣Mikvarhar

↦ Mikvarhar ↦ Mikvarhar ↦ Mikvarhar ↦ Mikvarhar ↦
Mikvarhar↦Mikvarhar↦Mikvarhar↦Mikvarhar↦Mikvarhar
↦ Mikvarhar ↦ Mikvarhar ↦ Mikvarhar ↦ Mikvarhar ↦
Mikvarhar↦Mikvarhar↦Mikvarhar↦Mikvarhar↦Mikvarhar
↦ Mikvarhar ↦ Mikvarhar ↦ Mikvarhar ↦ Mikvarhar ↦
Mikvarhar↦Mikvarhar↦Mikvarhar↦Mikvarhar↦Mikvarhar
↦ Mikvarhar ↦ Mikvarhar ↦ Mikvarhar ↦ Mikvarhar ↦
Mikvarhar↦Mikvarhar↦Mikvarhar↦Mikvarhar↦Mikvarhar
↦ Mikvarhar ↦ Mikvarhar ↦ Mikvarhar ↦ Mikvarhar ↦
Mikvarhar↦Mikvarhar↦Mikvarhar↦Mikvarhar↦Mikvarhar
↦ Mikvarhar ↦ Mikvarhar ↦ Mikvarhar ↦ Mikvarhar ↦
Mikvarhar↦Mikvarhar↦Mikvarhar↦Mikvarhar↦Mikvarhar
↦ Mikvarhar ↦ Mikvarhar ↦ Mikvarhar ↦ Mikvarhar.

Ik hou van jou in het Armeens

Yes kez sirum em ↦ Yes kez sirum em ↦ Yes kez sirum em
↦ Yes kez sirum em ↦ Yes kez sirum em ↦ Yes kez sirum
em ↦ Yes kez sirum em ↦ Yes kez sirum em ↦ Yes kez
sirum em ↦ Yes kez sirum em ↦ Yes kez sirum em ↦ Yes
kez sirum em ↦ Yes kez sirum em ↦ Yes kez sirum em ↦
Yes kez sirum em ↦ Yes kez sirum em ↦ Yes kez sirum em
↦ Yes kez sirum em ↦ Yes kez sirum em ↦ Yes kez sirum
em ↦ Yes kez sirum em ↦ Yes kez sirum em ↦ Yes kez
sirum em ↦ Yes kez sirum em ↦ Yes kez sirum em ↦ Yes

kez sirum em ↦ Yes kez sirum em.

Ik hou van jou in het Abchazisch

Sara uzara bzoyt ↦ Sara uzara bzoyt ↦

Sara uzara bzoyt ↠ Sara uzara bzoyt.

Ik hou van jou in het Ossetisch

Äz dä uarzyn ↠ Äz dä uarzyn ↠

Äz dä uarzyn ➻ Äz dä uarzyn.

Ik hou van jou in het Hebreeuws

Ani ohev otach / Ani ohevet otkha ➻ Ani ohev otach / Ani ohevet otkha ➻ Ani ohev otach / Ani ohevet otkha ➻ Ani ohev otach / Ani ohevet otkha ➻ Ani ohev otach / Ani ohevet otkha ➻ Ani ohev otach / Ani ohevet otkha ➻ Ani ohev otach / Ani ohevet otkha ➻ Ani ohev otach / Ani ohevet otkha ➻ Ani ohev otach / Ani ohevet otkha ➻ Ani ohev otach / Ani ohevet otkha ➻ Ani ohev otach / Ani ohevet otkha ➻ Ani ohev otach / Ani ohevet otkha ➻ Ani ohev otach / Ani ohevet otkha ➻ Ani ohev

otach / Ani ohevet otkha ↠ Ani ohev otach / Ani ohevet otkha.

Ik hou van jou in het Libanees

Bahibak ↠ Bahibak ↠ Bahibak ↠ Bahibak ↠ Bahibak ↠ Bahibak ↠ Bahibak ↠ Bahibak ↠ Bahibak ↠ Bahibak ↠ Bahibak ↠ Bahibak ↠ Bahibak ↠ Bahibak ↠ Bahibak ↠ Bahibak ↠ Bahibak ↠ Bahibak ↠

Bahibak ↣ Bahibak ↣ Bahibak ↣ Bahibak ↣ Bahibak
↣ Bahibak ↣ Bahibak ↣ Bahibak ↣ Bahibak ↣
Bahibak ↣ Bahibak ↣ Bahibak ↣ Bahibak ↣ Bahibak
↣ Bahibak ↣ Bahibak ↣ Bahibak ↣ Bahibak ↣
Bahibak ↣ Bahibak ↣ Bahibak ↣ Bahibak ↣ Bahibak
↣ Bahibak ↣ Bahibak ↣ Bahibak ↣ Bahibak ↣
Bahibak ↣ Bahibak ↣ Bahibak ↣ Bahibak ↣ Bahibak
↣ Bahibak ↣ Bahibak ↣ Bahibak ↣ Bahibak ↣
Bahibak ↣ Bahibak ↣ Bahibak ↣ Bahibak ↣ Bahibak
↣ Bahibak ↣ Bahibak ↣ Bahibak ↣ Bahibak ↣
Bahibak ↣ Bahibak ↣ Bahibak ↣ Bahibak ↣ Bahibak
↣ Bahibak ↣ Bahibak ↣ Bahibak ↣ Bahibak ↣
Bahibak ↣ Bahibak ↣ Bahibak ↣ Bahibak ↣ Bahibak
↣ Bahibak ↣ Bahibak ↣ Bahibak ↣ Bahibak ↣
Bahibak ↣ Bahibak ↣ Bahibak ↣ Bahibak ↣ Bahibak
↣ Bahibak ↣ Bahibak ↣ Bahibak ↣ Bahibak ↣
Bahibak ↣ Bahibak ↣ Bahibak ↣ Bahibak ↣ Bahibak.

Ik hou van jou in het Perzisch (Iran)

Dooset dāram ↣ Dooset dāram ↣ Dooset dāram ↣ Dooset
dāram ↣ Dooset dāram ↣ Dooset dāram ↣ Dooset dāram
↣ Dooset dāram ↣ Dooset dāram ↣ Dooset dāram ↣
Dooset dāram ↣ Dooset dāram ↣ Dooset dāram ↣ Dooset

dāram ➻ Dooset dāram.

Ik hou van jou in het Turkmeens (Turkmenistan)

Men seni söýýärin ➻ Men seni söýýärin ➻ Men seni söýýärin ➻ Men seni söýýärin ➻ Men seni söýýärin ➻ Men seni söýýärin ➻ Men seni söýýärin ➻ Men seni söýýärin ➻ Men seni söýýärin ➻ Men seni söýýärin ➻ Men seni söýýärin ➻ Men seni söýýärin ➻ Men

seni söýýärin ↦ Men seni söýýärin ↦ Men seni söýýärin ↦
Men seni söýýärin ↦ Men seni söýýärin ↦ Men seni
söýýärin ↦ Men seni söýýärin ↦ Men seni söýýärin ↦ Men
seni söýýärin ↦ Men seni söýýärin ↦ Men seni söýýärin ↦
Men seni söýýärin ↦ Men seni söýýärin ↦ Men seni
söýýärin ↦ Men seni söýýärin ↦ Men seni söýýärin ↦ Men
seni söýýärin ↦ Men seni söýýärin ↦ Men seni söýýärin ↦
Men seni söýýärin ↦ Men seni söýýärin ↦ Men seni
söýýärin ↦ Men seni söýýärin ↦ Men seni söýýärin ↦ Men
seni söýýärin ↦ Men seni söýýärin ↦ Men seni söýýärin ↦
Men seni söýýärin ↦ Men seni söýýärin ↦ Men seni
söýýärin ↦ Men seni söýýärin ↦ Men seni söýýärin ↦ Men
seni söýýärin ↦ Men seni söýýärin.

Ik hou van jou in het Azerbeidzjaans

Mən səni sevirəm ↦ Mən səni sevirəm ↦ Mən səni sevirəm
↦ Mən səni sevirəm ↦ Mən səni sevirəm ↦ Mən səni
sevirəm ↦ Mən səni sevirəm ↦ Mən səni sevirəm ↦ Mən
səni sevirəm ↦ Mən səni sevirəm ↦ Mən səni sevirəm ↦
Mən səni sevirəm ↦ Mən səni sevirəm ↦ Mən səni sevirəm
↦ Mən səni sevirəm ↦ Mən səni sevirəm ↦ Mən səni
sevirəm ↦ Mən səni sevirəm ↦ Mən səni sevirəm ↦ Mən

səni sevirəm ↣ Mən səni sevirəm.

Ik hou van jou in het Oezbeeks

Men seni sevaman ↣ Men seni

sevaman ↦ Men seni sevaman.

Ik hou van jou in het Dari (Afghanistan)

Dostat daaram ↦ Dostat daaram ↦ Dostat daaram ↦ Dostat daaram ↦ Dosta t daaram ↦ Dostat daaram ↦ Dostat daaram ↦ Dostat daaram ↦ Dostat daaram ↦ Dostat daaram ↦ Dosta t daaram ↦ Dostat daaram ↦ Dostat daaram ↦ Dostat daaram ↦ Dostat daaram ↦ Dostat daaram ↦ Dosta t daaram ↦ Dostat daaram ↦ Dostat daaram ↦ Dostat daaram ↦ Dostat daaram ↦ Dostat daaram ↦ Dosta t daaram ↦ Dostat daaram ↦ Dostat daaram ↦ Dostat daaram ↦ Dostat daaram

➻ Dostat daaram ➻ Dosta t daaram ➻ Dostat daaram ➻ Dostat daaram ➻ Dostat daaram ➻ Dostat daaram ➻ Dostat daaram ➻ Dosta t daaram ➻ Dostat daaram ➻ Dostat daaram ➻ Dostat daaram ➻ Dostat daaram ➻ Dostat daaram ➻ Dosta t daaram ➻ Dostat daaram ➻ Dostat daaram ➻ Dostat daaram ➻ Dostat daaram ➻ Dostat daaram ➻ Dosta t daaram ➻ Dostat daaram ➻ Dostat daaram ➻ Dostat daaram ➻ Dostat daaram ➻ Dostat daaram ➻ Dosta t daaram ➻ Dostat daaram ➻ Dostat daaram ➻ Dostat daaram ➻ Dostat daaram ➻ Dostat daaram ➻ Dosta t daaram ➻ Dostat daaram ➻ Dostat daaram ➻ Dostat daaram ➻ Dostat daaram ➻ Dostat daaram ➻ Dosta t daaram ➻ Dostat daaram.

Ik hou van jou in het Tadzjieks

Man turo dūst medoram ➻ Man turo dūst medoram ➻ Man turo dūst medoram ➻ Man turo dūst medoram ➻ Man turo dūst medoram ➻ Man turo dūst medoram ➻ Man turo dūst medoram ➻ Man turo dūst medoram ➻ Man turo dūst medoram ➻ Man turo dūst medoram ➻ Man turo dūst medoram ➻ Man turo dūst medoram ➻ Man turo dūst medoram ➻ Man turo dūst medoram ➻ Man

turo dūst medoram ↠ Man turo dūst medoram ↠
Man turo dūst medoram ↠ Man turo dūst medoram ↠ Man
turo dūst medoram ↠ Man turo dūst medoram ↠
Man turo dūst medoram ↠ Man turo dūst medoram ↠ Man
turo dūst medoram ↠ Man turo dūst medoram ↠
Man turo dūst medoram ↠ Man turo dūst medoram ↠ Man
turo dūst medoram ↠ Man turo dūst medoram ↠
Man turo dūst medoram ↠ Man turo dūst medoram ↠ Man
turo dūst medoram ↠ Man turo dūst medoram ↠
Man turo dūst medoram ↠ Man turo dūst medoram ↠ Man
turo dūst medoram ↠ Man turo dūst medoram ↠
Man turo dūst medoram ↠ Man turo dūst medoram ↠ Man
turo dūst medoram ↠ Man turo dūst medoram ↠
Man turo dūst medoram ↠ Man turo dūst medoram ↠ Man
turo dūst medoram ↠ Man turo dūst medoram ↠
Man turo dūst medoram ↠ Man turo dūst medoram ↠ Man
turo dūst medoram ↠ Man turo dūst medoram.

Ik hou van jou in het Kirgizisch

Seni s üyöm ↠ Seni süyöm ↠ Seni süyöm ↠ Seni
süyöm ↠ Seni s üyöm ↠ Seni süyöm ↠ Seni süyöm ↠
Seni süyöm ↠ Seni s üyöm ↠ Seni süyöm ↠ Seni
süyöm ↠ Seni süyöm ↠ Seni s üyöm ↠ Seni süyöm ↠
Seni süyöm ↠ Seni süyöm ↠ Seni s üyöm ↠ Seni

süyöm ⇥ Seni süyöm ⇥ Seni süyöm ⇥ Seni s üyöm ⇥
Seni süyöm ⇥ Seni süyöm ⇥ Seni süyöm ⇥ Seni s
üyöm ⇥ Seni süyöm ⇥ Seni süyöm ⇥ Seni süyöm ⇥
Seni s üyöm ⇥ Seni süyöm ⇥ Seni süyöm ⇥ Seni
süyöm ⇥ Seni s üyöm ⇥ Seni süyöm ⇥ Seni süyöm ⇥
Seni süyöm ⇥ Seni s üyöm ⇥ Seni süyöm ⇥ Seni
süyöm ⇥ Seni süyöm ⇥ Seni s üyöm ⇥ Seni süyöm ⇥
Seni süyöm ⇥ Seni süyöm ⇥ Seni s üyöm ⇥ Seni
süyöm ⇥ Seni süyöm ⇥ Seni süyöm ⇥ Seni s üyöm ⇥
Seni süyöm ⇥ Seni süyöm ⇥ Seni süyöm ⇥ Seni s
üyöm ⇥ Seni süyöm ⇥ Seni süyöm ⇥ Seni süyöm.

Ik hou van jou in het Dzongkha (Bhutan)

Nga gi che lu ga ⇥ Nga gi che lu ga ⇥ Nga gi che lu ga
⇥ Nga gi che lu ga ⇥ Nga gi che lu ga ⇥ Nga gi che lu
ga ⇥ Nga gi che lu ga ⇥ Nga gi che lu ga ⇥ Nga gi che
lu ga ⇥ Nga gi che lu ga ⇥ Nga gi che lu ga ⇥ Nga gi
che lu ga ⇥ Nga gi che lu ga ⇥ Nga gi che lu ga ⇥ Nga
gi che lu ga ⇥ Nga gi che lu ga ⇥ Nga gi che lu ga ⇥
Nga gi che lu ga ⇥ Nga gi che lu ga ⇥ Nga gi che lu ga
⇥ Nga gi che lu ga ⇥ Nga gi che lu ga ⇥ Nga gi che lu
ga ⇥ Nga gi che lu ga ⇥ Nga gi che lu ga ⇥ Nga gi che
lu ga ⇥ Nga gi che lu ga ⇥ Nga gi che lu ga ⇥ Nga gi

che lu ga ⇥ Nga gi che lu ga.

Ik hou van jou in het Singalees (Sri Lanka)

Mama oyāṭa ādareyi ⇥ Mama oyāṭa

ādareyi ↣ Mama oyāṭa ādareyi ↣ Mama oyāṭa ādareyi ↣
Mama oyāṭa ādareyi ↣ Mama oyāṭa ādareyi ↣ Mama oyāṭa
ādareyi ↣ Mama oyāṭa ādareyi ↣ Mama oyāṭa ādareyi ↣
Mama oyāṭa ādareyi ↣ Mama oyāṭa ādareyi ↣ Mama oyāṭa
ādareyi ↣ Mama oyāṭa ādareyi ↣ Mama oyāṭa ādareyi ↣
Mama oyāṭa ādareyi ↣ Mama oyāṭa ādareyi ↣ Mama oyāṭa
ādareyi ↣ Mama oyāṭa ādareyi ↣ Mama oyāṭa ādareyi ↣
Mama oyāṭa ādareyi ↣ Mama oyāṭa ādareyi ↣ Mama oyāṭa
ādareyi ↣ Mama oyāṭa ādareyi ↣ Mama oyāṭa ādareyi ↣
Mama oyāṭa ādareyi ↣ Mama oyāṭa ādareyi ↣ Mama oyāṭa
ādareyi ↣ Mama oyāṭa ādareyi ↣ Mama oyāṭa ādareyi ↣
Mama oyāṭa ādareyi ↣ Mama oyāṭa ādareyi ↣ Mama oyāṭa
ādareyi ↣ Mama oyāṭa ādareyi ↣ Mama oyāṭa ādareyi ↣
Mama oyāṭa ādareyi ↣ Mama oyāṭa ādareyi ↣ Mama oyāṭa
ādareyi.

Ik hou van jou in het Divehi (Malediven)

Aharen kaley dhanee loabi vey ↣ Aharen kaley dhanee
loabi vey ↣ Aharen kaley dhanee loabi vey ↣ Aharen kaley
dhanee loabi vey ↣ Aharen kaley dhanee loabi vey ↣
Aharen kaley dhanee loabi vey ↣ Aharen kaley dhanee
loabi vey ↣ Aharen kaley dhanee loabi vey ↣ Aharen kaley

dhanee loabi vey ↠ Aharen kaley dhanee loabi vey.

Ik hou van jou in het Birmees (Myanmar)

Chit tal ↠ Chit tal ↠

Chit tal ↪ Chit tal.

Ik hou van jou in het Laotiaans

Kho huk chao ↪ Kho huk chao ↪

Kho huk chao ↦ Kho huk chao.

Ik hou van jou in het Thais

Phom rak khun / Chan rak khun ↦ Phom rak khun / Chan rak khun ↦ Phom rak khun / Chan rak khun ↦ Phom rak khun / Chan rak khun ↦ Phom rak khun / Chan rak khun ↦ Phom rak khun / Chan rak khun ↦ Phom rak khun /

Chan rak khun ↠ Phom rak khun / Chan rak khun ↠ Phom rak khun / Chan rak khun ↠ Phom rak khun / Chan rak khun ↠ Phom rak khun / Chan rak khun ↠ Phom rak khun / Chan rak khun ↠ Phom rak khun / Chan rak khun ↠ Phom rak khun / Chan rak khun ↠ Phom rak khun / Chan rak khun ↠ Phom rak khun / Chan rak khun ↠ Phom rak khun / Chan rak khun ↠ Phom rak khun / Chan rak khun ↠ Phom rak khun / Chan rak khun ↠ Phom rak khun / Chan rak khun ↠ Phom rak khun / Chan rak khun ↠ Phom rak khun / Chan rak khun ↠ Phom rak khun / Chan rak khun ↠ Phom rak khun / Chan rak khun.

Ik hou van jou in het Khmer (Cambodja)

Knhom srolanh neak ↠ Knhom srolanh neak ↠ Knhom srolanh neak ↠ Knhom srolanh neak ↠ Knhom srolanh neak ↠ Knhom srolanh neak ↠ Knhom srolanh neak ↠ Knhom srolanh neak ↠ Knhom srolanh neak ↠ Knhom srolanh neak ↠ Knhom srolanh neak ↠ Knhom srolanh neak ↠ Knhom srolanh neak ↠ Knhom srolanh neak ↠ Knhom srolanh neak ↠ Knhom srolanh neak ↠ Knhom

srolanh neak ↠ Knhom srolanh neak.

Ik hou van jou in het Vietnamees

Anh yêu em / Em yêu anh ↠ Anh yêu em / Em yêu anh ↠ Anh yêu em / Em yêu anh ↠ Anh yêu em / Em yêu anh ↠ Anh yêu em / Em yêu anh ↠ Anh yêu em / Em yêu anh ↠ Anh yêu em / Em yêu anh ↠ Anh yêu em / Em yêu anh ↠ Anh yêu em / Em yêu anh ↠ Anh yêu em / Em yêu anh ↠ Anh yêu em / Em yêu anh ↠ Anh yêu em / Em yêu anh

➳ Anh yêu em / Em yêu anh ➳ Anh yêu em / Em yêu anh.

Ik hou van jou in het Nepalees

Ma timīlā'ī māyā garchu ➳ Ma timīlā'ī māyā garchu ➳ Ma timīlā'ī māyā garchu ➳ Ma timīlā'ī māyā garchu ➳ Ma timīlā'ī māyā garchu ➳ Ma timīlā'ī māyā garchu ➳ Ma timīlā'ī māyā garchu ➳ Ma timīlā'ī māyā garchu ➳ Ma timīlā'ī māyā garchu ➳ Ma timīlā'ī māyā garchu ➳ Ma timīlā'ī māyā garchu ➳ Ma timīlā'ī māyā garchu ➳ Ma timīlā'ī māyā garchu ➳ Ma timīlā'ī māyā garchu ➳

Ma timīlā'ī māyā garchu ↠ Ma timīlā'ī māyā garchu.

Ik hou van jou in het Maleis

Aku cinta kamu ↠ Aku cinta kamu ↠ Aku cinta kamu ↠ Aku cinta kamu ↠ Aku cinta kamu ↠ Aku cinta kamu ↠ Aku cinta kamu ↠ Aku cinta kamu ↠ Aku cinta kamu ↠ Aku cinta kamu ↠ Aku cinta kamu ↠ Aku cinta kamu ↠ Aku cinta kamu ↠ Aku

cinta kamu ↠ Aku cinta kamu.

Ik hou van jou in het Tagalog (de Filipijnen)

Mahal kita ↠ Mahal kita ↠

Mahal kita ↦ Mahal kita.

Ik hou van jou in het Tok Pisin (Papua Nieuw Guinea)

Mi laikim yu tumas ↦ Mi laikim yu tumas ↦ Mi laikim yu tumas ↦ Mi laikim yu tumas ↦ Mi laikim yu tumas ↦ Mi laikim yu tumas ↦ Mi laikim yu tumas ↦ Mi laikim yu tumas ↦ Mi laikim yu tumas ↦ Mi laikim yu tumas ↦ Mi laikim yu tumas ↦ Mi laikim yu tumas ↦ Mi laikim yu

tumas ↠ Mi laikim yu tumas.

Ik hou van jou in het Kantonees (Hong Kong, China)

Ngo5 oi3 nei5 ↠ Ngo5 oi3

nei5 � Ngo5 oi3 nei5 ➝ Ngo5 oi3 nei5 ➝ Ngo5 oi3 nei5 ➝
Ngo5 oi3 nei5 ➝ Ngo5 oi3 nei5 ➝ Ngo5 oi3 nei5 ➝ Ngo5
oi3 nei5 ➝ Ngo5 oi3 nei5 ➝ Ngo5 oi3 nei5 ➝ Ngo5 oi3
nei5 ➝ Ngo5 oi3 nei5 ➝ Ngo5 oi3 nei5 ➝ Ngo5 oi3 nei5 ➝
Ngo5 oi3 nei5 ➝ Ngo5 oi3 nei5 ➝ Ngo5 oi3 nei5 ➝ Ngo5
oi3 nei5 ➝ Ngo5 oi3 nei5 ➝ Ngo5 oi3 nei5 ➝ Ngo5 oi3
nei5 ➝ Ngo5 oi3 nei5 ➝ Ngo5 oi3 nei5 ➝ Ngo5 oi3 nei5 ➝
Ngo5 oi3 nei5 ➝ Ngo5 oi3 nei5 ➝ Ngo5 oi3 nei5 ➝ Ngo5
oi3 nei5 ➝ Ngo5 oi3 nei5 ➝ Ngo5 oi3 nei5 ➝ Ngo5 oi3
nei5 ➝ Ngo5 oi3 nei5.

Ik hou van jou in het Koreaans

Saranghaeyo ➝ Saranghaeyo ➝ Saranghaeyo ➝ Saranghaeyo
➝ Saranghaeyo ➝ Saranghaeyo ➝ Saranghaeyo ➝
Saranghaeyo ➝ Saranghaeyo ➝ Saranghaeyo ➝ Saranghaeyo
➝ Saranghaeyo ➝ Saranghaeyo ➝ Saranghaeyo ➝
Saranghaeyo ➝ Saranghaeyo ➝ Saranghaeyo ➝ Saranghaeyo
➝ Saranghaeyo ➝ Saranghaeyo ➝ Saranghaeyo ➝
Saranghaeyo ➝ Saranghaeyo ➝ Saranghaeyo ➝ Saranghaeyo
➝ Saranghaeyo ➝ Saranghaeyo ➝ Saranghaeyo ➝
Saranghaeyo ➝ Saranghaeyo ➝ Saranghaeyo ➝ Saranghaeyo
➝ Saranghaeyo ➝ Saranghaeyo ➝ Saranghaeyo ➝
Saranghaeyo ➝ Saranghaeyo ➝ Saranghaeyo ➝ Saranghaeyo
➝ Saranghaeyo ➝ Saranghaeyo ➝ Saranghaeyo ➝

Saranghaeyo ↣ Saranghaeyo.

Ik hou van jou in het Mongools

Bi chamd khairtai ↣ Bi chamd

khairtai ➻ Bi chamd khairtai.

Ik hou van jou in het Berbers (Marokko, Algerije)

Hemlighk / Hemlighkem ➻ Hemlighk / Hemlighkem ➻ Hemlighk / Hemlighkem ➻ Hemlighk / Hemlighkem ➻ Hemlighk / Hemlighkem ➻ Hemlighk / Hemlighkem ➻ Hemlighk / Hemlighkem ➻ Hemlighk / Hemlighkem ➻ Hemlighk / Hemlighkem ➻ Hemlighk / Hemlighkem ➻ Hemlighk / Hemlighkem ➻ Hemlighk / Hemlighkem ➻ Hemlighk / Hemlighkem ➻ Hemlighk / Hemlighkem ➻ Hemlighk / Hemlighkem ➻ Hemlighk / Hemlighkem ➻ Hemlighk / Hemlighkem ➻ Hemlighk / Hemlighkem ➻ Hemlighk / Hemlighkem

↠ Hemlighk / Hemlighkem ↠ Hemlighk / Hemlighkem ↠ Hemlighk / Hemlighkem ↠ Hemlighk / Hemlighkem ↠ Hemlighk / Hemlighkem ↠ Hemlighk / Hemlighkem ↠ Hemlighk / Hemlighkem ↠ Hemlighk / Hemlighkem ↠ Hemlighk / Hemlighkem ↠ Hemlighk / Hemlighkem ↠ Hemlighk / Hemlighkem ↠ Hemlighk / Hemlighkem ↠ Hemlighk / Hemlighkem ↠ Hemlighk / Hemlighkem ↠ Hemlighk / Hemlighkem ↠ Hemlighk / Hemlighkem ↠ Hemlighk / Hemlighkem ↠ Hemlighk / Hemlighkem ↠ Hemlighk / Hemlighkem.

Ik hou van jou in het Tigrinya (Eritrea)

Feqreki / Feqreka ↠ Feqreki / Feqreka ↠ Feqreki / Feqreka ↠ Feqreki/Feqreka ↠ Feqreki/Feqreka ↠ Feqreki/ Feqreka ↠ Feqreki / Feqreka ↠ Feqreki / Feqreka ↠ Feqreki / Feqreka ↠ Feqreki/Feqreka ↠ Feqreki/Feqreka ↠ Feqreki/Feqreka ↠ Feqreki / Feqreka ↠ Feqreki / Feqreka ↠ Feqreki / Feqreka ↠ Feqreki / Feqreka ↠ Feqreki / Feqreka ↠ Feqreki/Feqreka ↠ Feqreki/ Feqreka ↠ Feqreki/Feqreka ↠ Feqreki / Feqreka ↠ Feqreki / Feqreka ↠ Feqreki / Feqreka ↠ Feqreki/

Feqreka ➻ Feqreki/Feqreka ➻ Feqreki/Feqreka ➻
Feqreki / Feqreka ➻ Feqreki / Feqreka ➻ Feqreki /
Feqreka ➻ Feqreki / Feqreka ➻ Feqreki / Feqreka ➻
Feqreki/Feqreka ➻ Feqreki/Feqreka ➻ Feqreki/Feqreka ➻
Feqreki / Feqreka ➻ Feqreki / Feqreka ➻ Feqreki /
Feqreka ➻ Feqreki/Feqreka ➻ Feqreki/Feqreka ➻ Feqreki/
Feqreka ➻ Feqreki / Feqreka ➻ Feqreki / Feqreka.

Ik hou van jou in het Somalisch

Waan ku jeclahay ➻ Waan ku jeclahay ➻ Waan ku
jeclahay ➻ Waan ku jeclahay ➻ Waan ku jeclahay ➻ Waan
ku jeclahay ➻ Waan ku jeclahay ➻ Waan ku jeclahay ➻
Waan ku jeclahay ➻ Waan ku jeclahay ➻ Waan ku jeclahay
➻ Waan ku jeclahay ➻ Waan ku jeclahay ➻ Waan ku
jeclahay ➻ Waan ku jeclahay ➻ Waan ku jeclahay ➻ Waan
ku jeclahay ➻ Waan ku jeclahay ➻ Waan ku jeclahay ➻
Waan ku jeclahay ➻ Waan ku jeclahay ➻ Waan ku
jeclahay ➻ Waan ku jeclahay ➻ Waan ku jeclahay ➻ Waan
ku jeclahay ➻ Waan ku jeclahay ➻ Waan ku jeclahay ➻
Waan ku jeclahay ➻ Waan ku jeclahay ➻ Waan ku jeclahay ➻
Waan ku jeclahay ➻ Waan ku jeclahay ➻ Waan ku
jeclahay ➻ Waan ku jeclahay ➻ Waan ku jeclahay ➻ Waan
ku jeclahay ➻ Waan ku jeclahay ➻ Waan ku jeclahay ➻
Waan ku jeclahay ➻ Waan ku jeclahay ➻ Waan ku jeclahay

↦ Waan ku jeclahay ↦ Waan ku jeclahay.

Ik hou van jou in het Afar (Ethiopië)

Ko kiciyoh ↦ Ko kiciyoh ↦

Ko kiciyoh ↦ Ko kiciyoh.

Ik hou van jou in het Swahili

Nakupenda ↦ Nakupenda ↦

Nakupenda ➻ Nakupenda.

Ik hou van jou in het Sango (Centraal-Afrikaanse Republiek)

Mbi ndoye mo ➻ Mbi ndoye mo ➻

Mbi ndoye mo ⇥ Mbi ndoye mo.

Ik hou van jou in het Hausa (Niger)

Ina son ka / Ina son ki ⇥ Ina son ka / Ina son ki ⇥ Ina son ka / Ina son ki ⇥ Ina son ka / Ina son ki ⇥ Ina son ka / Ina son ki ⇥ Ina son ka / Ina son ki ⇥ Ina son ka / Ina son ki ⇥ Ina son ka / Ina son ki ⇥ Ina son ka / Ina son ki ⇥ Ina son ka / Ina son ki ⇥ Ina son ka / Ina son ki ⇥ Ina son ka / Ina son ki ⇥ Ina son ka / Ina son ki ⇥ Ina son ka / Ina son ki ⇥ Ina son ka / Ina son

ki ↦ Ina son ka / Ina son ki ↦ Ina son ka / Ina son ki ↦ Ina son ka / Ina son ki ↦ Ina son ka / Ina son ki ↦ Ina son ka / Ina son ki ↦ Ina son ka / Ina son ki ↦ Ina son ka / Ina son ki ↦ Ina son ka / Ina son ki ↦ Ina son ka / Ina son ki ↦ Ina son ka / Ina son ki ↦ Ina son ka / Ina son ki ↦ Ina son ka / Ina son ki ↦ Ina son ka / Ina son ki ↦ Ina son ka / Ina son ki ↦ Ina son ka / Ina son ki ↦ Ina son ka / Ina son ↦ Ina son ka / Ina son ki ↦ Ina son ka / Ina son ki ↦ Ina son ka / Ina son ↦ Ina son ka / Ina son ki ↦ Ina son ka / Ina son ki ↦ Ina son ka / Ina son ↦ Ina son ka / Ina son ki ↦ Ina son ka / Ina son ↦ Ina son ka / Ina son ki ↦ Ina son ka / Ina son ki ↦ Ina son ka / Ina son ↦ Ina son ka / Ina son ki ↦ Ina son ka / Ina son ↦ Ina son ka / Ina son ki ↦ Ina son ka / Ina son ki ↦ Ina son ka / Ina son.

Ik hou van jou in het Akan (Ghana)

Medɔ wo ↦ Medɔ wo

↣ Medɔ wo ↣ Medɔ wo.

Ik hou van jou in het Malagassisch (Madagascar)

Tia anao aho ↣ Tia anao

aho ↠ Tia anao aho.

Ik hou van jou in het Swazi (eSwatini)

Ngiyakutsandza ↠ Ngiyakutsandza. ↠. Ngiyakutsandza ↠ Ngiyakutsandza ↠ Ngiyakutsandza ↠ Ngiyakutsandza ↠ Ngiyakutsandza ↠ Ngiyakutsandza. ↠. Ngiyakutsandza ↠ Ngiyakutsandza ↠ Ngiyakutsandza ↠ Ngiyakutsandza ↠ Ngiyakutsandza ↠ Ngiyakutsandza. ↠. Ngiyakutsandza ↠ Ngiyakutsandza ↠ Ngiyakutsandza ↠ Ngiyakutsandza ↠ Ngiyakutsandza ↠ Ngiyakutsandza. ↠. Ngiyakutsandza

↠ Ngiyakutsandza ↠ Ngiyakutsandza ↠ Ngiyakutsandza ↠ Ngiyakutsandza ↠ Ngiyakutsandza. ↠. Ngiyakutsandza ↠ Ngiyakutsandza ↠ Ngiyakutsandza ↠ Ngiyakutsandza ↠ Ngiyakutsandza ↠ Ngiyakutsandza. ↠. Ngiyakutsandza ↠ Ngiyakutsandza ↠ Ngiyakutsandza ↠ Ngiyakutsandza ↠ Ngiyakutsandza ↠ Ngiyakutsandza. ↠. Ngiyakutsandza ↠ Ngiyakutsandza ↠ Ngiyakutsandza ↠ Ngiyakutsandza ↠ Ngiyakutsandza ↠ Ngiyakutsandza. ↠. Ngiyakutsandza ↠ Ngiyakutsandza ↠ Ngiyakutsandza ↠ Ngiyakutsandza.

Ik hou van jou in het Zuid-Sotho (Lesotho)

Kea u rata ↠ Kea u rata ↠

Kea u rata ↣ Kea u ratza.

Ik hou van jou in het Afrikaans

Ek het jou lief ↣ Ek het jou

lief ➳ Ek het jou lief.

Ik hou van jou in het Zoeloe

Ngiyakuthanda ➳ Ngiyakuthanda

↣ Ngiyakuthanda ↣ Ngiyakuthanda ↣ Ngiyakuthanda ↣ Ngiyakuthanda ↣ Ngiyakuthanda ↣ Ngiyakuthanda ↣ Ngiyakuthanda ↣ Ngiyakuthanda ↣ Ngiyakuthanda ↣ Ngiyakuthanda ↣ Ngiyakuthanda ↣ Ngiyakuthanda ↣ Ngiyakuthanda ↣ Ngiyakuthanda ↣ Ngiyakuthanda.

Ik hou van jou in het Samoaans

Alofa atu ↣ Alofa atu↣ Alofa atu ↣ Alofa atu.

Ik hou van jou ▭ (Nederlands) ↠ I love you ▨ (Engels) ↠ Te amo ▭ (Spaans) ↠ Ich liebe dich ▬ (Duits) ↠ Je t'aime ▮ (Frans) ↠ Eu te amo ▦ (Portugees) ↠ Aishiteru ▣ (Japans) ↠ Ti amo ▮ (Italiaans) ↠ Ya tebya lyublyu ▬ (Russisch) ↠ Main tumse pyaar karta/karti hoon ▬ (Hindi, India) ↠ Aku cinta kamu ▬ (Indonesisch) ↠ Seni seviyorum ▣ (Turks) ↠ Wǒ ài nǐ ▨ (Mandarijn, China) ↠ Ana uḥibbuka/Ana uḥibbuki (Arabisch) ↠ Ami tomake bhalobashi ▦ (Bengaals, Bangladesh) ↠ Main aap se pyaar karta/karti hoon ▣ (Urdu, Pakistan) ↠ Kocham cię ▭ (Pools) ↠ Ya tebe kokhayu ▬ (Oekraïens) ↠ Te iubesc ▮ (Roemeens) ↠ Miluji tě ▬ (Tsjechisch) ↠ S'agapó ▤ (Grieks) ↠ Inħobbok ▦ (Maltees) ↠ Szeretlek ▭ (Hongaars) ↠ Tha gaol agam ort ▧ (Schots-Gaelisch) ↠ Jo t'estimo ▮ (Catalaans, Andorra) ↠ Rwy'n dy garu di ▨ (Welsh) ↠ Ég elska þig ▦ (IJslands) ↠ Jag älskar dig ▬ (Zweeds) ↠ Jeg elsker dig ▦ (Deens) ↠ Jeg elsker deg ▦ (Noors) ↠ Minä rakastan sinua ▬ (Fins) ↠ Is breá liom tú ▮ (Iers) ↠ Ech

hunn dech gär ▨ (Luxemburgs) → Ma armastan sind ▨
(Ests) → Es tevi mīlu ▨ (Lets) → Aš tave myliu ▨
(Litouws) → Rad te imam ▨ (Sloveens) → Ľúbim ťa ▨
(Slowaaks) → Volim te ▨ (Kroatisch) → Volim te ▨
(Servisch) → Volim te ▨ (Bosnisch) → Volim te ▨
(Montenegrijns) → Obicham te ▨ (Bulgaars) → Te sakam
▨ (Macedonisch) → Te dua ▨ (Albanees) → Miqvarxar
▨ (Georgisch) → Yes kez sirum em ▨ (Armeens) → Sara
uzara bzoyt (Abchazisch, Abchazië) → Äz dä uarzyn
(Ossetisch, Zuid-Ossetië) → Ani ohev otach/Ani ohevet
otkha ▨ (Hebreeuws) → Baḥibbak/Baḥibbik ▨
(Libanees) → Dooset dāram ▨ (Perzisch, Iran) → Men
seni söÿÿärin ▨ (Turkmeens, Turkmenistan) → Mən səni
sevirəm ▨ (Azerbeidzjaans) → Men seni sevaman ▨
(Oezbeeks, Oezbekistan) → Dostat daaram ▨ (Dari -
Afghanistan) → Man turo dūst medoram (Tadzjieks,
Tadzjikistan) → Seni süyöm ▨ (Kirgizisch, Kirgizië) →
Nga gi che lu ga ▨ (Dzongkha, Bhutan) → Mama oyāṭa
ādareyi ▨ (Singalees, Sri Lanka) → Aharen kaley dhanee
loabi vey ▨ (Divehi, Maldiven) → Chit tal ▨ (Birmees,

Myanmar) → Khoy hak chao 🏳 (Laotiaans, Laos) → Chan rak khun 🏳 (Thais) → Knhom srolanh neak 🏳 (Khmer, Cambodja) → Anh yêu em/Em yêu anh 🏳 (Vietnamees) → Ma timīlā'ī māyā garchu 🏳 (Nepalees) → Aku cinta kamu 🏳 (Maleis, Maleisië) → Mahal kita 🏳 (Tagalog, Filipijnen) → Mi laikim yu tumas 🏳 (Tok Pisin, Papoea-Nieuw-Guinea) → Ngo5 oi3 nei5 🏳 (Kantonees, Hongkong) → Saranghaeyo 🏳 🏳 (Koreaans) → Bi chamd khairtai 🏳 (Mongools) → Hemlighk/Hemlighkem 🏳 🏳 (Berbers - Marokko, Algerije) → Feqreki/Feqreka 🏳 (Tigrinya, Eritrea) → Waan ku jeclahay 🏳 (Somalisch) → Ko kiciyoh 🏳 (Afar, Ethiopië) → Nakupenda (Swahili) → Mbi ndoye mo 🏳 (Sango, Centraal-Afrikaanse Republiek) → Ina son ka/Ina son ki 🏳 (Hausa, Niger) → Medɔ wo 🏳 (Akan, Ghana) → Tia anao aho 🏳 (Malagassisch, Madagaskar) → Ngiyakutsandza 🏳 (Swazi, eSwatini) → kea u rata 🏳 (Zuid-Sotho, Lesotho) → Ek het jou lief 🏳 (Afrikaans) → Ngiyakuthanda 🏳 (Zoeloe) → Alofa atu 🏳

(Samoaans, Samoa) ➻ Mwen renmen ou 🏴 (Haïtiaans-Creools).

Maar 'Ik hou van jou' nog het meest in het Nederlands!

Ik hou van jou ➻ Ik hou van

jou ↣ Ik hou van jou.

Einde

Dit is het einde van 'ik hou van jou' in alle talen. Maar zoals ze zeggen: het doel is de reis. Waarom? Als je alleen van het doel houdt en niet van de reis zal je heel veel liefde mislopen. Hou van de reis, dan hou je van het leven, van jezelf en van je geliefde.

Lijst van talen

Abchazisch ↬ Sara uzara bzoyt

Afar ↬ Ko kiciyoh

Afrikaans ↬ Ek het jou lief

Akan ↬ Medɔ wo

Albanees ↬ Te dua

Arabisch ↬ Ana uḥibbuka / Ana uḥibbuki

Armeens ↬ Yes kez sirum em

Azerbeidzjaans ↬ Mən səni sevirəm

Bengaals ↬ Ami tomake bhalobashi

Berbers ↬ Hemlighk / Hemlighkem

Birmees ↬ Chit tal

Bosnisch ↬ Volim te

Bulgaars ↬ Obicham te

Catalaans ↬ Jo t'estimo

Deens ↬ Jeg elsker dig

Dari ↬ Dostat daaram

Divehi ↬ Aharen kaley dhanee loabi vey

Duits ↬ Ich liebe dich

Dzongkha ↬ Nga gi che lu ga

Engels ↬ I love you

Ik hou van jou in alle talen!

Ests ➻ Ma armastan sind

Fins ➻ Minä rakastan sinua

Frans ➻ Je t'aime

Georgisch ➻ Miqvarxa

Grieks ➻ S'agapó

Haïtiaans-Creools ➻ Mwen renmen ou

Hausa ➻ Ina son ka / Ina son ki

Hebreeuws ➻ Ani ohev otach / Ani ohevet otkha

Hongaars ➻ Szeretlek

Iers ➻ Is breá liom tú

IJslands ➻ Ég elska þig

Indonesisch ➻ Aku cinta kamu

Italiaans ➻ Ti amo

Japans ➻ Aishiteru

Kantonees ➻ Ngo5 oi3 nei5

Khmer ➻ Knhom srolanh neak

Kirgizisch ➻ Seni süyöm

Koreaans ➻ Saranghaeyo

Kroatisch ➻ Volim te

Laotiaans ➻ Khoy hak chao

Lets ➻ Es tevi mīlu

Libanees ➻ Baḥibbak / Baḥibbik

Litouws ↠ Aš tave myliu

Luxemburgs ↠ Ech hunn dech gär

Macedonisch ↠ Te sakam

Malagassisch ↠ Tia anao aho

Maleis ↠ Aku cinta kamu

Maltees ↠ Inħobbok

Mandarijn ↠ Wǒ ài nǐ

Mongools ↠ Bi chamd khairtai

Nepalees ↠ Ma timīlā'ī māyā garchu

Nederlands ↠ Ik hou van jou

Noors ↠ Jeg elsker deg

Oekraïens ↠ Ya tebe kokhayu

Oezbeeks ↠ Men seni sevaman

Ossetisch ↠ Äz dä uarzyn

Perzisch ↠ Dooset dāram

Pools ↠ Kocham cię

Portugees ↠ Eu te amo

Roemeens ↠ Te iubesc

Russisch ↠ Ya tebya lyublyu

Samoaans ↠ Alofa atu

Sango ↠ Mbi ndoye mo

Schots-Gaelisch ➻ Tha gaol agam ort

Servisch ➻ Volim te

Singalees ➻ Mama oyāṭa ādareyi

Slowaaks ➻ Ľúbim t'a

Sloveens ➻ Rad te imam

Somalisch ➻ Waan ku jeclahay

Spaans ➻ Te amo

Swahili ➻ Nakupenda

Swazi ➻ Ngiyakutsandza

Tagalog ➻ Mahal kita

Tadzjieks ➻ Man turo dūst medoram

Thais ➻ Chan rak khun

Tigrinya ➻ Feqreki / Feqreka

Tok Pisin ➻ Mi laikim yu tumas

Turkmeens ➻ Men seni söýýärin

Turks ➻ Seni seviyorum

Urdu ➻ Main aap se pyaar karta / karti hoon

Vietnamees ➻ Anh yêu em / Em yêu anh

Welsh ➻ Rwy'n dy garu di

Zoeloe ➻ Ngiyakuthanda

Zuid-Sotho ➻ Kea u rata

Zweeds ➻ Jag älskar dig